小王子說禪

星の王子さま、禅を語る

重松宗育

葉韋利──譯

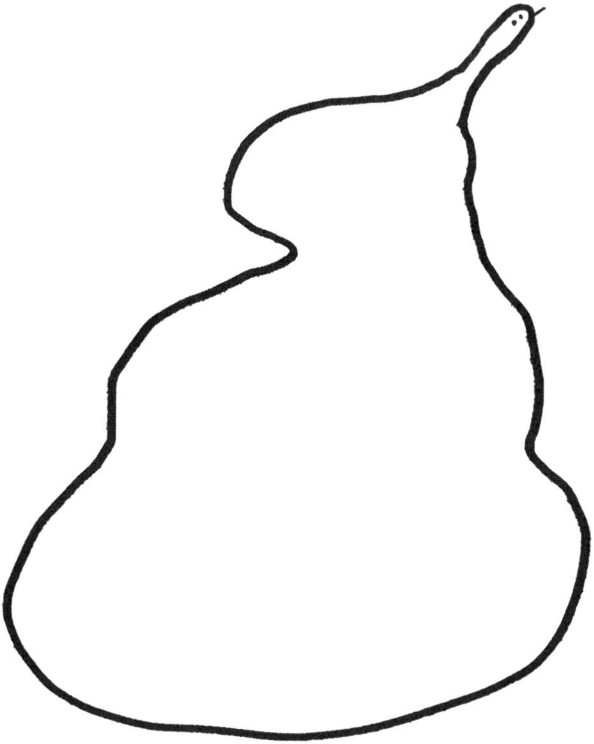

目次

前言

小王子裡有禪機

一聽到《小王子說禪》，或許很多人會覺得「搞什麼鬼！」事實上，當我說我寫了這本書時，也從來沒人表達認同，或是稱讚這是個好的切入點。但我絕不是為了標新立異，而是我在閱讀《小王子》（*Le Petit Prince*）時，確實在很多地方都感受到禪機。《小王子》作者聖修伯里當然不是用「禪」的語彙來寫書，況且我也不清楚他是否具備禪學的知識。但我依然認為，這部作品本身想表達的就是禪心。

小時候我對於自己生在禪寺這件事厭惡得不得了，長大之後不得不當和尚時，真讓我痛苦萬分。但現在感覺完全不同，我深深感激自己與禪寺的緣分，也以身為一名禪僧感到驕傲。因為在我認識的各種不同思想與宗教中，最能讓我產生共鳴的就是禪。

話雖如此，我不認為、也無法認同禪就是一切，禪也有一些我無法愛上的地方。我絕不認為唯有禪才是真理，其他宗教都是錯誤。每個好的宗教都有各自值得尊敬之處，我也讀聖經，而且不只宗教，學問也很重要。

這話說來或許有些自不量力，但我之所以當一名禪僧，就是因為自己期望的人生與禪的方向恰巧一致。明確、直接指示出真實人生哲學的禪，深深吸引了我。我在大學任教，相當了解學問的重要性，但坦白說，光是這樣真的無法滿足，我覺得人類還有更重要、無法在學問上獲得的「重要關鍵」，而這指的就是禪。因此，我相信禪值得我託付寶貴的人生。

禪的特色，用三個現代用詞來說明，就是「自我特質」、「環保」，以及「生活型態」。過去三十年，禪在歐美地區逐漸受到知識分子及年輕族群的關注，而目前單就知識上的關注已經過去，愈來愈多的人身體力行，默默開始坐禪。不少人之所以熱衷投入坐禪，是為了找尋在現代文明中，失去的個人自我特質。此外，有一群人則因為與環保運動的連結而進入禪的世界。大家都不願隨著現代文明盲目起舞，想要重新建立一種新的生活型態，於是投向禪。看著眾人真誠的模樣，令我肅然起敬。

這麼說來，難道現代日本人在自我特質上比歐美人士明確，不需要禪了嗎？此外，日本的自然環境是否已受到充分保護，不會引起環保運動等問題嗎？更進一步說，日本人真的有不隨物質文明、機械文明起舞的堅定生活型態嗎？還是日本人本來就不需要宗教呢？在這方面日本人所展現出與歐美知識分子及年輕族群相反的態度，讓我覺得很有意思。

過去我致力於透過英文翻譯將日本文化介紹到外國。我花了十幾年將《禪林句集》、《禪林世語集》[1]翻譯成英文，也是希望能為認真學禪的歐美友人盡一份力。另一方面，我知道在日本也有學禪的人。在**NHK**的廣

1. 兩本書皆收錄眾多日本禪宗所流傳的禪語。

播節目中，我也講過幾本美國文學裡所蘊含的禪機，也收到許多正面回應。此後，我幾乎每年、每月，都會用《小王子》當作教材來說禪，在看到許多熱心求教的朋友，漸漸覺得我不能只顧著讓外國人了解禪的好，應該也要將有助於我人格形成的經驗分享給所有的日本人。

我相信真實存在於無心、輕描淡寫、平易且如詩的語言之中。有人認為禪存在於滿滿艱難漢字的特殊世界，但這完全是偏見。禪，就是日常生活，在每個人生活中的一瞬，無處不在。自然也超越國界、超越民族，存在於世界各地。至於我專攻的美國文學，更是禪語的寶庫。問題只在有沒有發現到這就是禪。

由此可知，就算《小王子》來說禪也沒什麼奇怪之處。「禪語」是探究根本、具象徵性的，只能由我們來努力睜開雙眼去認識、去學習。在本書的每一章，都有我從《小王子》裡挑出來的內容，也就是新的「禪語」。

原本禪應該採取在遠處直指而非以言語來說服，因為禪是「教外別傳」、「不立文字」。但如果本書中出現類似說教的部分，一切都只是我對自己自戒的言詞。我的任務並非背負佛教傳統進行陳腐的說教，而是用我自己的方式來指出周遭俯首可拾的禪心。因此，本書中將禪的用語減到最少，若有讀者對禪產生興趣，想要進一步了解的話，請務必閱讀更高深的書籍，或者入禪寺門求師。

如果聖修伯里還在世並讀了這本書，他會說什麼呢？我猜會驚訝到瞬大眼睛吧。不過，身為飛行員又有一雙「鳥眼」的聖修伯里，說不定會很有同感，告訴我「對，就是這樣。」我一邊夢想，同時希望能藉由本書，讓讀者的心靈多少獲得溫柔的撫慰。

最後順帶一提，聖修伯里的《小王子》在日本於一九五三年，由日本翻譯家內藤濯翻譯成日文版，受到廣大讀者喜愛。不過，本書中除了書名之外，使用的都是我自行從英文版翻譯成日文的內容。我長期在英文課教學時使用，最熟悉的是英文版，相信最適合用來傳達我的心意。

第一章

不立文字

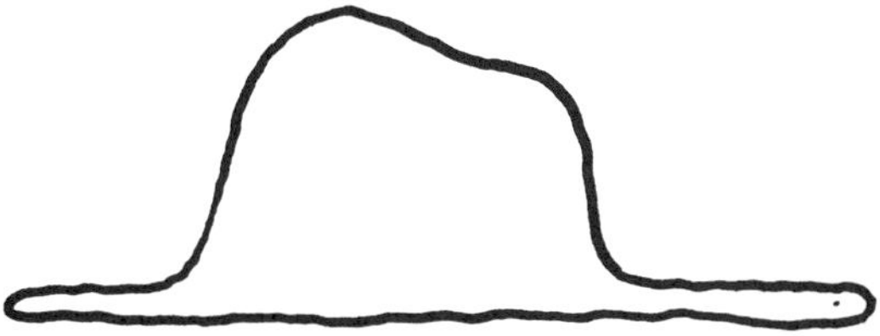

Ceci n'est pas un Chapeau

「真正重要的東西，是肉眼看不到的。」
「眼睛是盲目的，要用心去找尋。」

肉眼見美醜，心眼看真實

我一直對一件事很好奇，「坐在梳妝台鏡子前的女性，眼中看到的是什麼呢……」

梳理頭髮時的女人，眼神堅定。

這個句子想表達的，大概是坐在鏡子前面梳理日本傳統髮型的女性吧。只有在這種時候，女性會像一決勝負的武士一樣，堅定地盯著鏡子裡的自己。

事實上，女性在化妝時的模樣非常嚴肅，偶爾甚至令人感到殺氣，像是嘴巴張得大大的塗著口紅，然後像金魚一樣一張一合，把口紅抿勻；臉上塗滿粉，或是敷上面膜像怪物似的，總之是項大工程。在旁邊看著覺得很有意思，不過對於正在化妝的女性來說，就像武士尊重彼此的立場，還是別去正視對方的臉比較好。

總之，化妝的目的是要看起來更美，所以無論嘴、臉頰、雙眼、頭髮，也就是必須留意整張臉的感覺，有時候說不定會注意到鼻頭上的痘痘。

《小王子》裡頭提到了一朵玫瑰花。書中也以正在化妝的女性，來描述花苞陸續綻開的模樣。

但是，花兒在她綠色的小房間裡，只顧著不停裝扮自己。她用盡心思挑選顏色，慢慢妝扮自己。連花瓣也一片一片仔細整理，她不希望綻放時像田裡的罌粟花，皺巴巴地來到這個世界，一心一意只想在美得令人眩目的一刻出現。

想要變得更美，是女性再自然不過的願望。對於這一點我沒有任何異議，我也非常希望女性都能變得更美，裝扮得美不但自己開心，同時也讓周遭賞心悅目，再好不過。

然而，如果想要變得更美的單純願望更進一步，變得「只在乎外表看起來漂亮」或是「裝飾表面、虛榮、浮華」，就有點問題了。老是在意外表、表面，就會變得只在乎肉眼可見的世界，忘了另一個肉眼看不到、但很重要的世界。

鏡子能照出事物的表面，但絕對不只這樣。鏡子裡其實有兩個景象，一是眼中看到的自己，以及在其後方看不見的自我內心。高興時在開心表情的背後有一顆愉快的心在舞動，難過時在悲傷表情的背後有一顆哀傷的心在哭泣。只是，就算反映出這樣的心情，也得要有一雙「看得到的眼睛」才觀察得到，光用肉眼看不見。肉眼對外，只能看到外側，能看到內心的是心靈之眼，也就是要用「心眼」才看得見。

故事的第一人稱「我」，凝視著小王子時心想。

現在我在這裡，看到的只不過是外表，最重要的東西肉眼看不見。

是的。很可惜，光用肉眼看不到「最重要的東西」。而鏡子裡看到的景象也只是「外表的一小部分」。換句話說，就是貝殼的外殼，但重要的貝在殼裡，眼睛看不到。

所以回到我的問題，「坐在梳妝台鏡子前的女性，眼中看到的是什麼呢？」換句話說，我想問的是「究竟看到的，是肉眼看得到的自己，還是凝視在那背後肉眼看不到的內心呢？」

如果有女性回答：「我一直看著自己的雙眼。」我想我會探出身子問她：「為什麼？」

「我每天一定會凝視一次內心，這就是我照鏡子的目的。就像人家說，眼睛說明了一切，或眼睛是靈魂之窗。自己內心的狀態清楚呈現出來，所以對我來說，鏡子不可或缺。」

如果能遇到這樣回答的人，我一定高興得不得了。大喊著：「就是這個人！」就像小王子看到他喜歡的那幅綿羊繪畫時一樣，想必我也會「眼睛突然一亮」。

《小王子》一書中最重要的主題之一，就是說明「肉眼看不見的世界」的重要性吧。也就是在表象世界背後的內在本質。

第一人稱的「我」，在六歲時第一次畫圖，畫了一條吞下大象的蛇。但是他拿給大人看，每個人都說他畫的是一頂帽子。大人只看到事物的外表，雖然令人同情，但大家都沒看到最重要的內在。無奈之下，「我」只好又畫了一張，也就是畫出大蛇肚子裡的狀況。這麼一來，大人似乎總算懂得他畫中的意義。因為有過這次經驗，讓感到幻滅的「我」從那時起不再畫畫。

不過，他把第一張作品留在手邊，當做用來測試對方是否了解他的一種方法。換句話說，遇到一個他認為對的人，就拿出那幅畫給對方看，期待會有什麼樣的答案，不過，每個人的回答都是「這是一頂帽子吧。」於是，他不再講那些肉眼看不見的世界，只會配合大人的程度切換話題。

因為這樣，這個第一人稱的「我」始終沒遇到能彼此暢談的好朋友，非常寂寞。然而，就在六年前他的飛機在撒哈拉沙漠中故障，他只能無奈睡在沙地上。就在天亮時，意外聽到一個聲音，讓「我」醒來。定神一看，面前有位小王子要他畫一隻羊。因為小王子實在太認真要求，他只好畫了小時候那幅大人說是帽子，實際上是吞了大象的蛇。結果小王子說，「這是一頭被大蛇吞掉的象嘛，我不要。」小王子清楚看到了肉眼看不見的大象，小王子的雙眼沒有被外表迷惑。

小王子還是想要畫一隻羊，於是「我」就試著畫，但每一張小王子都不喜歡。到最後「我」覺得好麻煩，乾脆只畫了一只箱子給小王子。「這是個箱子，不過你想要的羊就在裡頭。」

結果小王子的眼睛突然一亮。「這就是我一直想要的！」

小王子的雙眼能穿透箱子，看到裡頭的羊。

禪的世界中強調「不立文字」。也就是不涉文字、不倚靠文字的世界。因為最關鍵的事無法用文字表現。如果遇到需要傳達的狀況，只能仰賴象徵。

有位江戶時代的名僧，博多的仙崖禪師有一幅很有趣的禪畫。圖上畫了一個圈，旁邊的題字是「吃了這個喝茶去」。他是開玩笑，把這幅「一圓相」當做名為饅頭的甜點。我不知道聖修伯里有沒有看過仙崖禪師的畫，但他們有同樣的想法。只不過圓相的外型跟甜饅頭類似，剛好是個變型的甜饅頭。

總之，「一圓相」讓禪僧引以為傲，會以掛軸等放在經常看到的地方。這象徵的是肉眼雖然看不見但每個人與生俱來，且存在於內心深處的「大圓鏡智」。意思就是映射出萬物「如同無限大圓鏡一般的佛智慧」，無法用言語來解釋，要畫也畫不出來。所以就畫一個圓來表現這樣的心境。

眼見為憑，是嗎？

然而，若說世上有很多東西無法用肉眼看見，有人會覺得這簡直是無稽之談，這些人認為唯有眼見為憑。但真是這樣嗎？

例如，空氣呢？眼睛雖然看不到，但任何人都知道空氣確實存在。我們每個人都靠呼吸空氣活下去，要是沒了空氣，大家幾分鐘之後就沒命。沒有什麼比空氣更寶貴。誇口說出凡事眼見為憑的人，不好意思，麻煩請捏住自己的鼻子，停止呼吸一分鐘。

（一分鐘之後）

怎麼樣？雖然肉眼看不見，但現在也能切身感受到周圍全是空氣的存在吧？沒錯，我們在空氣的籠罩之中，多虧有空氣才能活著。更進一步說，是先有空氣才有人生存。也就是說，空氣是本質，人類不過只是現象。

最近我讀了一本童書繪本，書名叫做《地面之上與地面之下》。有一棵樹，樹枝前端開了漂亮的花，每個人一看到花都說好美。綻放漂亮花朵的枝條連著樹幹，樹幹鑽到地面之下。因為在地底下，一般人的眼睛都看不見。但是地底下有樹根朝四面八方延伸，交織成網狀支持著整棵樹，並吸收大地中各式各樣的養分，負起守護整棵樹的性命的重要任務。我們的目光一不小心就被表面的美麗花朵吸引，很容易忘記眼睛看不到的樹根。「根本」、「根源」、「根據」，這些詞彙都在告訴我們眼睛看不到的根部有多重要。根部才是植物的本源，如果沒有根，就無法成長成正常的植物，也不會開花。

要舉例的話真的說也說不完。心，也是同樣的道理。肉眼看不到，加上就在身邊，很容易就忘了仔細審視。肉眼看不見，在人類存在的最深處，無時無刻都在作用的生命本質，也是構成人類存活的核心。我認為《小王子》要探討的正是「生命本質」。

禪講的「不立文字」，舉個例子來說就像幽默感。假設有人說了一個笑話，在場的人聽了都忍不住大笑。這時，突然有個學者出現，對大家高談闊論解釋起這個笑話的笑點在哪裡，眾人一定會覺得很掃興吧。因為他說明得愈仔細，就愈偏離關鍵的「本質」。

我雖然教授英美文學，但每每在大學的課堂上跟諸位學生一起研讀文學作品，遇到必須說明的幽默之處或機智小語時，真的很傷腦筋。英語中的笑話大多很難讓人心領神會，學生經常聽了都當場楞住。我身為教師，又不得不說明。明明在家裡第一次看到這段文章時還忍俊不住，在課堂上要解釋究竟哪裡好笑時，箇中趣味頓時不知消失到何處。愈是想用千言萬語來解釋，就愈看不見關鍵的趣味。最後剩下的只有「幽默」這個觀念，這就像是幽默的「殘渣」，最核心的幽默本身卻無影無蹤。這道理就跟對日本落語[1]加以解說，聽完之後卻覺得一點都不好笑一樣。語言，終究不過如此。

接下來再以橘子為例子。假設面前有兩顆橘子，一顆長得很漂亮，表皮光滑；另一顆皺巴巴，外皮上還沾了髒汙。一般既然以食用為目的，果肉口味比外表更重要。那麼，果肉口味的好壞該怎麼認定呢？如果具備像小王子那種從外側穿透直達內部的洞悉能力，當然再好不過……即便沒有，還是有些小訣竅能判斷品質。

1. 日本的一種傳統表演藝術，最早是指說笑話的人，後來逐漸演變成說故事（落語家）的人坐在舞台上，描繪一個漫長和複雜的滑稽故事，並對服飾、音樂等皆有所講究。與中國傳統的相聲有類似之處，不過落語演出通常只有一人。

我住在位於靜岡縣清水市（現在改制為靜岡市清水區）的鄉間禪寺。像這種鄉下的小寺院，住持必須要有些工作做為主要的收入來源，以維持寺院經營，這是情非得已的現況。我的寺院也不例外，我們就是以栽種橘子的收入來維持。從我的祖父母就是這樣，我父母也是靠栽種橘子來維持寺院，以及將我跟妹妹兩人拉拔長大。不過，我成了學者，沒辦法繼續種橘子，於是我只能換成以在大學教書的收入來支持寺院的經營。只是我自己很喜歡務農，真的很可惜。況且種橘子能學到很多事，判斷橘子的品質就是其中之一。

以往靜岡的橘子比較酸，所以會在十一、二月採收之後，先一顆顆塞進儲藏用的箱子裡保存，直到隔年的二、三月才出貨。在儲藏期間酸味會逐漸減少，甜度慢慢增加。但隔年過了二月之後，就會明顯出現外皮皺巴巴跟保持光滑的兩種。那麼，哪種比較好吃呢？

我的話，會選外皮皺巴巴的。即便因為品種或條件有所不同，但口味多半與外觀成反比。外觀看起來漂亮的，絕大部分裡頭的水分都散失。表面光滑的果實剝開來一看，裡頭全是空隙，排列著皺巴巴、像被榨乾的果囊。相反地，外表布滿皺折看來不起眼的果實，多半水分飽滿又香甜好吃。再說，即便外皮沾了汙漬，跟口味一點關係也沒有。市面上也有一些為了迎合消費者喜好而上蠟的橘子，但我實在不喜歡。想吃到好吃的橘子，千萬別被外表騙了。

這樣的事實對我們來說有什麼意義呢？像這種植物生理現象中趣味、驚人之處的例子不勝枚舉。但仔細觀察，如果將這些物理現象解釋為是大自然給我們的訊息，人生就會變得更豐富。因為平常被我們封閉在自我硬殼中那顆純粹的心，將會慢慢解放。別將自然界的現象全都歸到用科學的角度來看，而要以「人性」的觀點來看。眼睛看得到的自然現象，全都可視為象徵肉眼看不見的人心。可以聽到橘子對人說：「凡事別依賴外表。」和山、和水、和星星交談，也可以跟小鳥、跟野花對話。我之所以覺得務農很吸引人，就是可以跟大自然直接對談。不過，除了務農之外，無論做任何事只要具有觀照「人性」的雙眼，就能洞悉出支持眼中世界那顆看不見的「心」。

前面我可能太強調肉眼看不到的心有多重要。事實上，心靈再怎麼強調都不夠。但我真正想表達的是，雙眼可見跟肉眼看不到的部分，照理說應該要協調一致才對。光修飾眼睛看得到的地方，卻在看不見之處藏汙納垢的人，完全無法令人尊敬。嘴上說得好聽，實際上一肚子壞水的人並不可取。話說回來，倒也不是只要心地善良就可以做出讓人不舒服的舉止。雖是一片好意，但硬要他人接納也會讓人大呼無福消受。

結論是這樣。若能真正充實肉眼看不到的部分，那麼就連外表也會自然而然呈現出真實吧。良寬禪師[2]遺留下來的這句詞，展現了不刻意在乎他人目光，表裡如一，充滿自信的人生，我個人非常喜歡。

紅葉落翩翩　表面裡側無分別　皆與人欣賞

當每個人真正將充實內在視為最重要的事時，便不會特別注意到外表。內心的富足才是最重要的關鍵，其他都沒那麼重要。不會刻意裝模作樣，也不企圖掩飾缺點。是內在，還是外表，一點也不在意。不論他人怎麼說，別人是別人，自己是自己。就像毫不做作的楓葉，隨著風吹恣意翻飛，任人欣賞，瀟灑而生。這才是學禪之人嚮往的「無心」人生。

2. 西元一七五八到一八三一年。日本江戶時代曹洞宗僧人，詩歌、書法皆為世人讚頌。

第二章
直指人心

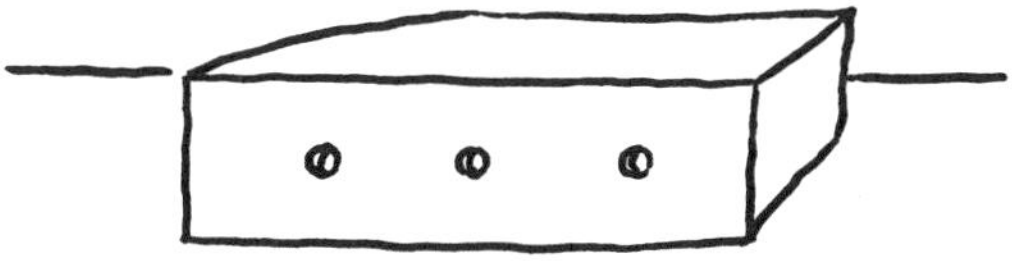

a sheep

「每個大人都曾經是小孩子，
只是幾乎沒有一個大人記得這件事。」

每個人，最初都有無我的童心

人類為什麼老是這麼自私呢？這個問題一直讓我百思不得其解。明明小時候聽著爸媽嘮叨覺得很討厭，結果一旦自己當了父母就忘了這檔事，成天對著孩子嘮叨。當年自己因為厭惡而極力反抗的事，現在卻壓根忘得一乾二淨……

很可惜，人永遠只會從自己當下的年齡來看事情。小時候當然只站在小孩子的立場，長大後卻變得只用大人的眼光。其實每個人過去都曾是孩子，大人理所當然懂得孩子的心思，然而，為什麼變得無法理解呢？

有一句勸世短歌這樣說。

初生赤子，智能日漸增，佛性反背離。哀哉。

佛教用語中講「智慧」，但這裡說的「智能」指的是人類辨別，也就是仰賴知性來區分的能力。例如善與惡、喜與厭、美與醜等，這種將所有事物區分為二的就是「分別智」。這是上天賦予人類的寶貴能力，也是推動現代科技發展的原動力。只不過，要將「分別智」以知性發揮得淋漓盡致，就必須正視自我真實的樣貌。

我們在經營自我時，經常無法擺脫自我本位的觀念，老是以自己的角度來看待事情。這就是我們的模樣。當其他人出現在面前時，自我就開始強烈作用。尤其自我意識愈強的人，愈容易顯現出人的業報。這種人無論什麼時候都會對他人顯示強烈的自我意識。凡事都只想到自己，「自我」會擅自走在前方，眼中只有自我而沒有「他我」，簡直就像只對自己有感情，對其他人沒有感情；只有自己最可愛，其他人根本沒放在眼裡。凡事一定非得按照自己的想法進行才可以。

話雖如此，在內心一隅仍有知性與理性不斷呢喃。你這個人真自私，怎麼只想到自己呢！你該回歸道德，應該更體貼別人。我們隨時都身處這樣的困境。

那麼，體貼是什麼呢？就是花費心思。將自我放得遠一點，讓自己變成「無我」。遠離自我就能恢復原本的「無我」，也就是回復到增長智能之前的「初生赤子」來看待事物。以原有的觀點來看待事物原本的樣貌。相對於「智能」是自我意識特性的作用，到達無我的境界下，才是「佛」具備的「智慧」。除此之外再無別物。

行至村里，伴童樂擊球，春日無盡好。

這句詞中達到了良寬禪師「遊戲三昧」的境界。重返每個人原本都有的童心，跟孩子們一起玩手球，玩到太陽下山。這就是「直指人心」。

認真說起來，我們每個人最初都是來自這個無我的童心世界，具有佛智慧。原本是「無我」且「自由自在」，結果因為擁有過多的自我，最後被自我束縛耍得團團轉，怎麼想都不得不說真是匪夷所思，結果徒增了半調子的智能。至於人類的原點，「幾乎沒有一個大人記得這件事。」《小王子》裡頭有這段話。

大人呢，都對數字情有獨鍾。你告訴他們你交了一個新朋友，他們從來不會問你一些重要的事，像是「他的聲音聽起來怎麼樣？他最喜歡什麼遊戲？他有沒有收集蝴蝶？」他們會問的問題都是像：「他幾歲？他有幾個兄弟姊妹？他體重幾公斤？他爸爸賺多少錢？」他們以為只要從這些數字，就能清楚了解這個人。

不過，對於了解生命本身的人來說，數字真的無所謂。

一聽到這番話，向來覺得跟重視數字的社會風潮格格不入的我，忍不住感到欣慰。

大學教師這份工作對我來說最苦惱的，就是考試跟評分。我不想用分數來決定學生的表現，也不喜歡監考。當然，這是教師的宿命，不得不做時我也只好從善如流，但一般我大多採用交報告的形式。

有些學生並不曉得我不信任數字的個性，打電話到家中時會以「我是幾號的某某某」報上名字。這是為了方便學校作業所編排的學號，但聽在我耳裡卻像是某種機械零件的編碼，實在不討人喜歡。

在現代，很不幸地是人類對數字這個怪物馬首是瞻，這是個悲哀又可笑的時代。最典型的例子，就是被升學偏差值[1]牽著鼻子走的學校教育。孩子不再根據自己的夢想、志向或意願，而是憑藉偏差值來決定未來的

1. 指相對平均值的偏差數值，是日本對於學生智能、學力的一項計算公式值。偏差值與個人分數無關，反映的是每個人在所有考生中的水準順位。在日本，偏差值被看做學習水平的正確反映，而偏差值也就理所當然的成為評價學習能力的標準。

路。偏差值控制了孩子們的心。從小到大被這些數字牽著鼻子走的孩子，長大會變成什麼樣的人呢？我身為平日在第一線與年輕學子接觸的教育人，實在不得不感到悲觀。當今的孩子，在大人打造的社會裡只能說是犧牲者。

大人，是活出真實自我的人

說起來，數字跟語言一樣都屬於抽象的東西。既然從「生命本身」或「事物本身」擷取特質的過程叫做「抽象化」，那麼數字跟言語理所當然也是抽象的概念。於是，眾人愈是在乎數字這個抽象的結果，人類社會自然也變得愈抽象。目前社會上透過媒體充斥著「關於……」的各種資訊，然而，實際上人類只是被大量的數字跟語言要得團團轉，這樣的知識無論有多少都不能化為親身經驗，更何況這讓人類更加遠離了「生命本身」的重要關鍵。這會讓人分裂，也就是對於人生的概念（抽象）與生存（生命本身）兩者背道而馳。這麼一來，就會有愈來愈多人活著感到不踏實，找不到生存的價值。

不過，孩子們還保留重要的「童心」。童心並未遠離關鍵的「生命本身」。有個小孩子問老師：「我為什麼會在這裡？」有人說，「七歲之前都還是神的孩子」，其實孩子真的是天才。面對人生最大的問題——「生命本身」的提問，他們可以如此簡單「直指」。因此，說不定孩子才應該被叫做「大人」。會這麼說，是因為在佛教用語中「大人」是「大丈夫之人」，指的就是佛，也就是能活出真實自我的人。通常我們也會稱呼度量大的大人物是「大人」，但絕大多數時候仍只因為體型比孩子高大的關係，就稱呼成人是「大人」。

小王子跟鐵路調度員之間有這樣的對話。鐵路調度員的工作是調整鐵軌路線讓列車改變方向。一列特快車在兩人面前從右到左轟隆轟隆地駛過。

「大家都好匆忙哦。」小王子說。「他們究竟在找什麼呢？」

「就連火車駕駛自己都不知道呀。」調度員答。

「他們根本不是在追東西。」調度員說：「大家都在列車上睡覺。就算沒睡也在打哈欠。只有孩子會把鼻子貼在車窗玻璃上壓得扁扁的。」

我這輩子不知道搭過幾十次飛機，到現在還會要求坐靠窗的座位，因為我很喜歡看窗外。簡直就跟小孩子一樣，「把鼻子貼在車窗玻璃上壓得扁扁的」。對於習慣飛行的人，大多在旅程中看報紙、小睡，或者「打哈欠」，所以我這種人看起來會像第一次搭飛機的鄉巴佬吧。且不論這個，我很喜歡從空中俯瞰地球，至於原因將在第五章揭曉。

話說回來，我們人此刻究竟在追求什麼呢？全世界看起來很急促，很慌忙，不只是充滿活力而已，總覺得哪裡不對勁。總覺得好像不是在追求什麼，而是被什麼追趕。

我認為人生有數不清的事物值得追求。每個人應該都會透過自己的立場、職業，來找出值得追求的事物。金錢，或許也是其中之一。拚命工作，獲得跟付出等值的金錢，這確實令人高興。能存錢也很開心。此外，在腳踏實地努力之下，能爬到更好的地位，這也是一項目標。然而，偏偏金錢、地位，這些不過只是方法、途徑，並不是在獲得這些之後就能達到人生真正的目標，讓心靈獲得平靜。事實上，一般來說愈有錢物慾愈重，存愈多的錢最後就成了守財奴，淪為慾望的奴隸，到最後被原本該追求的金錢追著跑。如果活著就是為了讓這些原先不過只是手段的金錢、地位追著跑，那麼，短暫的人生究竟有什麼意義呢？小王子繼續說。

「只有小孩子才知道自己要的是什麼。」小王子說：「他們會把很多時間花在布娃娃身上，把它當作珍貴的寶貝……」

或者，所謂的「追求」或許也是一個陷阱。當然，了解自己，尋找最適合自己的目標，這一段「追求」的心路也是珍貴且必然的歷程。只是，這麼一來很可能會產生誤解，認為重要的東西是在自身以外。一旦心離開了最關鍵的「此刻的自我」，就是個問題。

孩子都是活在此時，此處。擁有一顆赤子之心的孩子，都像個魔術師，可以把眼前平淡無奇的東西全都變成玩具，人人都是能在平凡之中看到不平凡的大哲學家。所以根本不必特地買些昂貴的玩具給孩子，因為他們有了「童心」這具精巧的製造機，能自己打造精采有趣的玩具。

真的什麼都不需要，只要把孩子丟進院子裡就行了。小孩子會先張望四周，接著很快發現一截木棍、生鏽的釘子、小石子，然後就開始小心翼翼地收集。原來散落在院子裡的垃圾，瞬間成了孩子收藏的寶物。然而，早已遠離童心的媽媽，卻將自己的價值觀強行加諸在孩子身上，氣得睜大眼罵道：「快把那些髒東西丟掉！」孩子卻不加理會。除非手裡的東西被蠻橫的媽媽強行拿走，不然孩子會緊緊握在手中不放掉，因為這是寶貝呀！就跟大人要是撿到一疊百萬現金也不願鬆手的道理一樣。

我的大兒子在他三歲時，有一次我帶他搭公車出門。當公車上響起「下車乘客請投幣」的廣播時，我兒子突然咯咯大笑了起來，「他說『偷屁』耶，『偷屁』。」接下來好一陣子，他每次搭公車一聽到廣播就很開心，「偷屁，偷屁」講個不停。小孩子就是這樣，無論何時何地都在享受人生。

日本幕末武士高杉晉作在辭世之前流下一句名言——

讓這無趣的世間變得有趣吧。

對此，去探望他的幕末女歌人野村望東尼在後面加上一句，成為一段佳話。

能讓此事成真全憑一己之心。

我認為這個例子可以當做從人生高處看到的童心。從這個角度來看，或許孩子才真正是過人生的行家。

有一句話說「煩惱即菩提」。讓人類困惑的煩惱，其實就是頓悟；人類的煩惱不啻為一股能量，換句話說，這是河川中的濁流。代表煩惱的無論是逆流或漩渦中的濁流，在打造水壩、發電廠之後，都能將這股負面的能量轉變為正向。煩惱的濁流也能化為菩提的能量。只是，在這個過程中不可或缺的就是「童心」的作用。唯有「童心」，才具備將煩惱化為菩提的「智慧」。然而，諷刺的是當大人的「智能」累積愈多，往往人就會遠離「智慧」。

在生活之中，我們總有滿腹不平。覺得那邊比這邊好，遠處又比另一邊好。這種追求好地方、好東西的行為本身並無不妥，問題在於在追求的過程中會離關鍵的「智慧」愈來愈遠。人生在世，不平的種子數也數不清，在埋怨、不滿之中，你有限的人生也一分一秒地過去了。

用美好的眼光
看待人與人之間的一切
我用美好的眼光看待他人
永遠不疲憊

這是日本詩人八木重吉的詩──「願」。

任何人都有優缺點，要將眼光放在哪裡，全憑觀者的心來決定。個性好的人，一定會注意優點；而原本就愛找碴的人，想必會為了挑毛病就把注意力集中在缺點上吧。根據關注的焦點就能清楚看透每個人的人格與人生觀，甚至立刻了解一個人過往的人生。準確得可怕。

一個人想要活得開朗，需要很大的努力。想活得神清氣爽，就少不了具備童心的能力。這麼一來，就很難淨是揭發別人的缺點，就算看到缺點也得過且過，而且不斷懷疑。然後在心中對自己說，「用美好的眼光看待人與人之間的一切」，因為這樣就「永遠不疲憊」。

這句八木重吉的詩，是二十多年前別人告訴我的，多年來我非常喜歡吟這句詩，也不斷這樣告訴自己。或許當初告訴我的人也像我一樣，此刻在某個地方也低喃這句話，「永遠不疲憊，永遠不疲憊」。

這麼說來，當年我才剛接觸到《小王子》這本書。之後，我藉由禪修，以及翻譯《禪林句集》，在過程中經歷過好多次對事情的看法大改觀。不過，至今《小王子》這本書不離我左右，相信對我來說這本書特別適合我吧。

第三章

照顧腳下

「你要尋找的東西，
可能在一朵玫瑰花裡，或是在一滴水裡。」

燈台照遠不照近

一走進禪寺的玄關，都會看到「照顧腳下」、「小心腳下」或是「注意腳下」這幾個字。其實意思都一樣，就是提醒你不要左顧右盼，要注意自己的腳邊。

禪最重要的一項主題就是「究明己事」——自己究竟是什麼人。也可以說是「我到底是誰？」或「我是什麼？」都可以，重點就是「找尋自我特質」。更進一步說，就是「真正的自我是什麼？」或是「發現、遇見真正的自己」。平常忙於生活的我們，其實不太有機會仔細檢視「自我本身」。況且，表面上很了解，實際上最不懂的，其實就是自己。

日本有句諺語叫做「燈台照遠不照近」。燈台，指的是從前照亮房間的燭台。燃燒著燈油的燈台下方，因為最靠近燈油，理論上該最明亮，卻反而因為被台子遮住而變暗。同樣的道理，人最難看清自己。

其實我們的眼球就是這樣。很諷刺的是，眼球沒辦法看到眼球本身。明明可以看到眼球之外的東西，但最關鍵的眼球本身，卻怎麼也沒辦法用眼球看到。還好，有鏡子這件方便的物品。透過鏡子，看到鏡子裡的眼球，可以知道自己眼球的顏色、形狀，但說到底這不過是鏡子裡的倒映，並不是真正的眼球。

我們自己也跟眼球一樣，因為看不到，就很容易忽略。每個人都覺得自己很可愛，如果這麼可愛的話，多留意自己的腳步，關照好真正的自己就行了。然而，我們平常稱呼「自己」的，就跟鏡子裡的眼球一樣，並不是真正的自己，只是自己的影子。只不過順著眼睛的方向，而將自我主體拚命往外推出來的「自我意識」。然而，我們遵照著自我意識生存，一不小心就會忽略了關鍵的「腳下」。

再介紹一段前面一章提過的，小王子跟鐵路調度員的對話。兩人看著由右至左飛快通過的快車，有了下列這樣的對話。

「那些人都不滿意他們先前待的地方嗎？」小王子問。
「沒有人會對自己待的地方感到滿足。」調度員說道。
真是如此。愈是自己看慣的，就覺得不順眼、不喜歡。無論人、地，都是這樣。愈是身邊的愈容易輕視。心想著走遠一點一定會比現在這地方好……
仔細想想，整個《小王子》的故事就是這樣的例子。小王子住在某個星球，那裡有一朵玫瑰花，小王子非常愛那朵花。不過這朵花的個性有點倔強又高傲，花會說一些話來折磨小王子，讓他很煩惱。像是這句。
「這裡好冷哦。我之前住的地方啊……」花講到一半就不說了。
比起這裡，之前待的地方好多了，根本不該來這。這是我們到一個新的地方或工作場所時，在還不適應時常有的抱怨。或者是後來才來的人想對原先在這裡的人找麻煩時常說的話。更何況這朵花為了虛榮，隨口就扯了謊。細究起真相，這朵花來到小王子的星球時根本只是顆種子。

因此，她不可能知道這裡以外的世界。她對自己竟然講出這麼幼稚的謊話而感到困窘，刻意乾咳了兩、三聲，似乎想怪罪小王子讓她這麼說。……接著她又勉強咳了幾聲，想讓小王子感到內疚。

受到這樣的言語刺激，任何人都會生氣想要反擊，但看到對方流眼淚，似乎又覺得是自己不好。

就這樣，小王子把花兒隨口說的每一句話都當真，就不再想要跟她在一起了。

「根本不需要傾聽花說的話。只要看著她，聞她的香味就行了。」

變得一心討厭花兒的小王子，決定拋下自己的星球到太空旅行。然後他走訪幾個星球，遇到各式各樣的人。來到這個地球之後，遇到故事第一人稱的「我」、小狐狸，還有一大片玫瑰花叢。尤其是小狐狸還告訴他人生的祕密——「不用心的話就看不清楚。真正重要的東西是肉眼看不到的。」然後，他又回到自己的星球。

他清楚了解了愛的真正意義，決定回到那朵玫瑰花等待的星球。一度離開生長的地方，透過各式各樣的體驗，重新認識她的好之後再回到最初的地方。這趟心靈之旅的終點正是在「腳下」——我的家，也就是真正的自我。從這個角度來看，人要成長、成熟，也必須離開「腳下」一段時間，這或許也算是一段必經的過程。

尋牛——追尋「真正的自我」

自古以來禪宗很重視一套「十牛圖」，這是在修行上很好用的圖示，將悟性比喻成牛，把一名青年尋找牛的心路歷程畫成十幅圖。從第一幅「尋牛」開始，第二是「見跡」，第三是「見牛」，第四是「得牛」，第五是「牧牛」，第六是「騎牛歸家」……一直到第十幅圖。

頓悟，就是察覺自己的本性，也就是原本的自我，這裡的牛指的正是「真正的自我」。

第一圖「尋牛」——一名青年為了追尋比喻為牛的「真正的自我」，將自己放逐到山林田野。

第二圖「見跡」——牛應該在某個地方，卻始終找不到。就在精疲力竭想要放棄繼續折磨下去時，突然看到疑似牛的足跡。於是決定跟著腳印走，說不定能找到牛。

第三圖「見牛」——突然精神百倍，跟著足跡追下去，沒想到腳步在半路就消失，好不容易有的線索又斷了，不知該如何是好。四周走走還是沒發現，這次真的下定決心放棄，重返來時路。這時，突然看到前方，就在那裡！牛不就在不遠處的草叢裡吃著草嗎？這下子忍不住興奮地跳起來。花了這麼長的時間，辛辛苦苦尋找的牛終於出現了。

第四圖「得牛」——鼓起勇氣開心地靠近牛，試圖捕獲。這時，察覺到年輕人的牛突然發起脾氣。好不容易來到牛的面前，卻抓不到牠。話說回來，已經努力了這麼久，再撐一下就行了。經過一次次的失敗後，年輕人終於把繩索套到牛角上。太好啦！這下子總算抓到牛了。

第五圖「牧牛」——接下來，捕獲牛之後也只有剎那的喜悅，因為倔強的牛始終不肯乖乖就範。但是，費了好大力氣才抓到的牛，怎麼能輕易放過呢？既然這樣，只好跟牛比耐力了。漸漸地，牛也平靜下來，最後終於甘願臣服。

第六圖是「騎牛歸家」，年輕人跨坐在牛背上，吹著笛子踏上回家的路。

在修行上從接下來的第七圖「忘牛存人」，到第十圖邁入更重要的階段，但現在先把重點放在向外求道之旅到回歸「腳下」的「騎牛歸家」這部分。

這套「十牛圖」的形象，也可以用在我們日常生活中的大小事情上。別人手裡的包子永遠看起來比自己手上的更大更好吃；外國的月亮比較圓，遠方比較令

第六圖　騎牛歸家

人憧憬嚮往……這些是世界共同的人性，不是日本人才有的想法。但話說回來，日本人特別經不起外國的吸引力。

自從明治時代文明開化之後，先不論悲慘的戰爭時期，或許日本身為島國的關係，對於大老遠從海上運來的「舶來品」，非常珍惜。而且至今仍有強烈的西方崇拜傾向。

講個有意思的事。在一九八六年秋天到八七年夏天這十個月的時間，我以日美教育委員會研究員的身分，分別短期進入美國聖地牙哥州立大學，以及加州大學研習。出發前我雄心壯志列了很多計畫，但實際上在這十個月之內我接受十幾個大學的演講邀約，好幾次橫跨美洲大陸，過得非常忙碌。我身為研究英美文學的專業學者，同時又是日本的禪僧，各地大學的英美文學（在美國是「國文」）教授都覺得很有意思，紛紛邀請我。

有一次，我在紐約某一所大學演講時，其間提到日本文化，有個學生便發問：「我了解傳統的日本文化，但現代又如何呢？」

由於這是我不太想接觸的話題，一時之間先猶豫了一下，最後這樣回答。「我其實不想惹惱各位。」觀眾一聽大概都提心吊膽，會場瞬間一片寂靜。接著我鼓起勇氣說：「打從各位的西方文明強力推銷到日本來之後，日本文化就大大出了問題。」沒想到觀眾的反應出乎意料，有人噗哧笑出聲，然後整個會場響起如雷掌聲。這下子真讓我覺得得救了。話說回來，這既然是禪學中心的演講，批判西方文化很自然會引起迴響，但當時已經不是一九六〇年代那種熱血洋溢的時代，我演講的對象是完全趨於保守的現代美國大學生。

無庸置疑，學習外國文化確實很重要，這種學習的態度絕對不能少。但看看實際狀況，我們日本人逐漸忘記自己的「腳下」，眼中只有外國文化，這一點就讓我質疑。我認為至少要做到文化的輸出與輸入平衡，接近五五波才對。

要列出實例不勝枚舉，就以語言來說吧。比較一下成了英語的日語，

跟成了日語的英語，兩者詞彙的數量如何？日本人接受的外來語可能是輸出日語的好幾百倍吧。日語不斷納入用片假名拼音的外語，在語言上是一種相當有彈性的結構。一旦變成片假名的詞彙，在發音跟字義上都不再跟原先的英語相同，而搖身變成日語。像這樣不斷納入外語，詞彙變得愈來愈豐富。追根究柢，日文漢字就是來自中國的外來語，而讓日語有顯著的發展。因此，即便納入外語本身是件好事，問題還是在輸入與輸出之間的平衡。難道說以後的人講話都要像這樣嗎？比方說「イエスタデイ（yesterday）のアフタヌーン（afternoon）に、アイ（I）は、ステーション（station）でユー（you）とトーク（talk）した」[1]看到愈來愈多愛用片假名日文的人，讓我忍不住有這樣的擔憂。

1. Yesterday的afternoon，I跟you在station裡talk（昨天下午我跟你在車站裡交談）。以此可看出日文中直接將外文音譯的片假名外來語的氾濫。

另外再舉一個翻譯出版的例子。每年都有數不盡的歐美書籍翻成日文讓大眾閱讀，從日本書籍翻譯成英語的數量卻少得可憐。這類書籍的輸出大概只有輸入的幾十分之一。如果日本缺乏可供輸出的文化，那也無話可說，但日本過去明明就有傲視全球的遺產，只能說在英譯出版這方面的努力還不夠。

每年暑假都有很多大學生出國旅遊，這是個富足的時代。我也經常鼓勵我的學生，有機會試著走出日本看看。從遙遠的國外看看自己的文化、社會，還有自我，會從中學到很多。到了國外，一定會遇到有人詢問日本的狀況。這麼一來，除了自己語言能力的不足之外，也會深切再次體會到自己對日本有多麼不了解。實際上，看到回國之後想更了解自己國家的學生，讓我鬆了一口氣。不過，也有學生只學到上課大刺刺嚼口香糖，這種事就令我想發火。

這幾年來，日本成了所謂的經濟大國，也受到全球矚目。但如果只憑會賺錢，真的就能獲得來自世界各地的尊敬嗎？沒有這種事。相信各國只是因為自己想賺錢才關注日本而已，並不是打從心底尊敬日本人。我相信日本人要在國際社會中獲得尊重，只有仰賴成熟的人格。聽到因為是經濟大國而變得傲慢，只會令人難堪。此外，要是有那種一面對歐美奉承巴結，另一方面又對亞洲其他國家的人採取以上對下的態度，這樣的日本人該怎麼說呢？簡直可悲到了極點。

總之，這些都是因為日本人對西方的崇拜而來，但未來在國際社會中，要讓人尊敬日本，除了西方之外更該虛心向全世界學習，同時仔細檢視在外國人眼中，也就是當做一面鏡子來看看自己的模樣，千萬別忘了時時需要「照顧腳下」。

至於「照顧腳下」，換個說法就是仔細檢視「此刻在這裡的自己」是什麼樣子。禪不論抽象的事物，只論具體，就算肉眼看不見，也是正視在「此刻」、「在這裡」的「真正自我」。看看這個「我」此刻是醒著？還是沉睡？當然指的不單是眼皮睜開還闔上，而是此刻我的心是躍動？還是跟死了沒兩樣？這才是問題所在。

在中國具代表性的禪學古籍《碧巖錄》中，有一段這樣的問答。場景是說出「一日不作，一日不食」這句名言的百丈禪師，陪著師父馬祖禪師散步。

兩人仰望天空，一群野鴨飛去。

「那是什麼？」馬祖禪師問道。

「是野鴨。」百丈答。

馬祖問：「去哪裡？」

百丈回答：「飛走了。」

這時，師父用力捏了弟子的鼻子，百丈大喊：「好痛！」

馬祖便說：「嗯？根本沒飛走啊。」

這是「公案」[2]。禪宗裡尤其臨濟宗，便是針對鑽研這類公案來致力修行。

因為鼻子被捏得疼痛，讓先前盯著野鴨的百丈回到了「此刻」、「此處」的「自我」。這股容易飛得愈來愈遠的意識，正是「照顧腳下」，那麼，大喊「好痛！」的，究竟是誰呢？

最大的問題就在這個「是誰」。能夠明確掌握住做為人類核心的「主體性」，就成為一切的出發點。在「照顧腳下」之際，如果真正的自我本身覺醒，接下來無論去哪裡、做什麼，都能清楚看到最重要的關鍵。不再需要長途跋涉奔波尋找幸福的青鳥。因為最重要的關鍵，從一開始就在腳下。

只要能從我們的眼中擦去「我執」的髒汙，森羅萬象就會變得光芒四

2. 指古代禪師們開悟過程的故事，或禪宗師父們的問答。

射，無論石子、小蟲，一草一木全都閃閃發亮。當然，「一朵玫瑰」、「一滴水」也呈現出真實本身。

第四章
主人公

「審判自己要比審判別人困難很多。」

世上最難的事，是審判自己

「主人公」這個詞，一般指的是小說或一件事裡的主角、核心人物，但在禪裡將人的核心，也就是原本的自己、自我認知稱為「主人公」。而且不是平常被「我執」所控制影響的自己，而是真正的自我。所以也可以用「主體性」這個詞來代換。

經常聽到在某件事發生時有人會說：「這很重要！」佛家也有「一大事因緣」這個詞。然而，對於希望活得真實的人來說，所謂的「一大事」就是遇見真正的自己，是無法取代的人生。一生之中若沒有察覺到最關鍵的自我，也就是「主人公」，就這樣匆匆忙忙像是一場戲結束的話，當然不好。

白隱禪師（日本臨濟禪中興祖師）的師父正受老人曾說過：「所謂一大事，乃今日此刻之心。」人生其實就是由「今日此刻之心」一點一滴累積而成。因此，相較於「此刻在這裡的我」、「主人公」的狀態，「一大事」似乎沒有那麼頻繁。仔細想想，平常我們只是動不動就將無關痛癢的事情當作「一大事」，顯得大驚小怪。跟「主人公」的重要性比較之下，實在沒什麼事需要認真動氣。

離開自己星球的小王子，走訪其他星球。在第一顆星球上，有個國王得了一種看到別人就想發號施令的病。

離鄉背井，意志消沉的小王子，因為想看夕陽便央求國王。

「我想看西下的夕陽，可以請您行行好，命令夕陽西下嗎？」

「假設我要求一名將軍像隻蝴蝶從這朵花飛到那朵花，或是寫一齣悲劇，還是變成一隻海鳥，而將軍無法執行這項命令。那麼，錯的是我還是將軍呢？」國王問小王子。

「是您。」小王子肯定地回答。

「沒錯。提出要求的人必須是對方能完成的任務才行。」國王說。

從這樣的內容，可以看出這個國王雖然是專制君主卻是個好人，絕對不會強人所難，下達無理的命令。

「你可以看到你的夕陽。我會下令。不過要依照我的管理邏輯，我會等到所有條件適合。」

國王說完便翻翻日曆，確認一下時間。「就在今天傍晚七點四十分吧。到時候你就知道，我的命令是如何被忠實執行。」

就某個角度來看，這或許是依照大自然規律，是一種很好的生活哲學。但雖然配合自然規律，一方面又得一再號稱是自己下令，這一點確實有問題。即便旁人看起來有些好笑，但實際上就是一種精神疾病。看到其他人就忍不住下令指使的病。小王子想打呵欠，國王就認為非得下令要他打呵欠不可。當小王子打不出呵欠，他就改成命令小王子有時打呵欠，有時不打呵欠。然後，當小王子要離開此地到其他星球時，國王又提出「我任命你擔任大使」。

該說「命令病」還是「指使病」呢？總之就是長期受這類「疾病」命令、指使的人。這種人在他人有什麼行動時，就開始多管閒事，有這種行為的人多半是與生俱來的業障，幾乎在不知不覺間就開口。從這個角度來看，其實他也是受害者，卻會讓對方一下子喪失意願，帶給他人很大的困擾。

不過，這位國王也有句名言。就是當小王子決定離開這個星球時，國王連忙提出要他擔任司法部長。但是，這個星球除了國王之外沒有其他人居住，小王子感到很不可思議，於是國王這樣對他說。

「那你就審判你自己吧。世界上再沒有比這個更困難的事了，審判自己比審判別人難多了。如果你能正確無誤地審判自己，你就是個真正有大智慧的人。」

我們在面對他人時，可以輕輕鬆鬆評判，別人的缺點要列舉多少就有多少。看著對方的缺點就像用高性能攝影機拍攝一樣，可以拍得很清楚。然而，換成自己就沒輒，像是一張柔焦照片。重申一次，這就是眼球的構造所致，由於眼球的視線朝向外側，能清楚看到別人的缺點，卻見不到自己的缺失。如果沒有檢視自我內心的「心眼」，怎麼看也看不見。

很可能我們都因自我中心而生，凡事只想到自己，永遠都以自我為中心。不過，在標榜自我主義的同時，任何人都有理性與良知，差別只在程度的不同，在自我中心的想法太過之下，自然而然「心眼」就會作用，為自我主義踩煞車。

巴斯卡[1]的《沉思錄》（*Pensées*）中有這樣一段。

理性與情慾之間的人類內心糾葛。
如果人類沒有情慾，只有理性的話……
如果人類沒有理性，只有情慾的話……
然而，正因為兩者皆有，人類不得不在糾葛中生存。

我們的確總在理性與情慾之間擺盪糾結，只不過一般人將情慾與理性放在天秤上，似乎總是情慾稍重一些，天秤略往這邊傾斜一點，是不是呢？例如，原先打算今天開始讀英語，因為理性而下定決心。多數人都能努力維持個兩、三天，不過，怠惰心這股情慾就會讓決心挫敗。最後，總會講出一大堆道理來正當化自己的怠惰，結果只有三分鐘熱度。似乎對凡人來說，情慾總是稍占上風。

接下來，《法句經》[2]這部古經裡有這段話。

自為自依怙，他人何可依？自己善調御，證難得所依。[3]

自為自保護。自為自依怙。自為自調御，如商調良馬。[4]

這就是佛教的基本想法。真實不在空中，也不在地底，而是從來沒離開過自身。當「此刻」在「此處」的「我」達到「調整好的狀態」，這個「我」的本身就能直接成神、成佛。

雖說是原本的自己，或是為煩惱纏身的自己，實際上都不離「此刻」

1. Blaise Pascal，西元一六二三到一六六二年。法國的哲學家、數學家和物理學家。
2. 佛教典籍，兩千多年前佛陀還以口耳相傳的方式傳教時，弟子們根據佛陀口說記錄而成的經典，也是所有佛教典籍中最接近佛陀精神的一部。
3. 譯：自己才是自己的主宰，其他還能依靠誰呢？如果能把自己調整好，人就能得到難得的主宰。
4. 譯：自己的確是自己的依歸，自己的確是自己的依靠。因此，你應如馬販看護良馬般地看護自己。

在「此處」的「我」。因此，如果想疼惜、看重自己，只能調整好這個「我」，除此以外沒有其他方法。用現代的說法，就是回歸「主體性」，自己妥善控制自己，也就是自我控制。更積極地說，也可解釋為培養將自己的缺點直接變成優點的智慧。就各方面來看，「主體性」這個詞彙可以說是現代人最重要的一個關鍵字。

天上的月亮正看著咧！

另一方面，小王子的星球上生長著好的植物跟壞的植物。猴麵包樹則全都是很壞的植物。

猴麵包樹這種植物，一旦發現得遲就絕對無法根除。它會長滿整個星球，根部還會把星球鑽出個洞，然後如果是顆小星球，又長了太多猴麵包樹，整顆星球就會硬生生裂成碎片。

真要這樣就糟了。所以得隨時留意，不得不小心。

「猴麵包樹跟玫瑰小時候長得非常像，一旦能區分時就不能偷懶，發現猴麵包樹就得立刻全部連根拔起才行。」

小王子這麼說。對於會威脅到主體性的東西，一定要很仔細地去除。尤其是壞習慣更要趁早除掉，這才是守住主體性的不二法門。

其實我很愛喝酒，幾乎每天晚上都少不了小酌。所以當因為某個原因，導致不得不下定決心「今天不喝」時，就是對主體性的小小考驗。

一杯，人喝酒；兩杯，酒喝酒；三杯，酒喝人。

這句話把人跟酒的關係表達得很生動。跟朋友對酌，暢快品酒；或是結束了一天排定的工作，享受獨酌時光，無論哪種情境都令人高興。不過，如果真的喜歡飲酒，就應該希望盡可能喝得長長久久，活到老喝到老才是聰明的做法。因此，如何重質不重量是一大關鍵，最好不要流於慣性而牛飲，而是在喝的時候真正感受到「啊，這酒真好喝。」這麼一來，酒讓人生更快樂、更豐富，就是所謂的「人喝酒」。

不過，到了「酒喝酒」的階段，直接把「人」擺一邊，單純是酒從瓶子裡自動流進胃裡而已。再進一步到「酒喝人」的話，不是專門找碴，就是醉倒了給別人添麻煩，或是陷入宿醉的痛苦，反正沒半點好處。被酒吞噬就沒什麼好說了。

這年頭真是個艱難的時代，在人想依主體性而生的路上，障礙實在太多了。文明的發展似乎同時也是對人類主體性的挑戰。最具代表性的，就是車子跟電視吧。

過去人用自己的腳走路，然後是騎馬或坐馬車，再來是騎自行車，到了現代汽車已經成了理所當然的代步工具。能讓生活更方便，也就是人可以輕鬆不花力氣，又節省時間，從這幾點即可視為是文明的進步。開車的話，去遠的地方沒問題，遇到急事也可因應，真是方便又可貴。然而，在習慣坐車之後，會變得就連不到一百公尺的店，也會想坐車而不想用走的。這麼一來，無論去哪裡都非有車不可，沒車的話什麼都做不了。這樣子根本成了車子的奴隸，車子本是供搭乘的工具卻反客為主，這就教人傷腦筋了。

電視也是一項令人感動的文明利器，很多事情都可以彷彿親臨現場般看到。想要上什麼課也不需要特地出門，坐在客廳就能收看電視裡的各種課程來學習。另一方面，各個電視台為了能盡可能長時間將觀眾留在電視機前面，會花心思用各種方式來製作吸引人的節目，所以看看報紙上的電視節目表，每個都好想看。把電視開著不關，節目就一個播過一個，遇到不喜歡的換台就好，很難把電源關上，結果拖拖拉拉就浪費了寶貴的時間。如此一來，就成了電視的奴隸，整個家在不知不覺之間讓電視占據，人都受電視控制。

仔細想想，這個時代實在是人類史上前所未有的異常時代，有太多非人性的因素。人想要活得真正有人性，只能回到人類最純樸的原點，只有再次覺醒面對本身的主體性。

有這麼一個故事。一對小偷父子摸進一戶人家，成功大肆搜刮家中的錢。兩人走出屋外，爸爸對兒子說：「喂，小子，沒有人發現吧？」兒子回答：「老爸，天上的月亮正看著咧。」

即使沒有任何人看見，月亮也看著。整個宇宙都看到有人在做壞事，但這個小偷覺得只要沒人看見就無所謂。對小偷而言，問題只在別人的眼睛，不過進一步想，如果兒子回答：「而且，老爸你自己不也看到嗎？」這樣就更有趣了。

就算能掩他人之眼，也騙不了大宇宙，而且，最關鍵的自己對來龍去脈清清楚楚。對自己來說，如果自己最重要，被自己看到才是最大的問題。

有句話說「小人閒居為不善」，但其實對人來說，最大的考驗大概就是一個人的時候吧？獨處時一不小心就會懈怠、偷懶，從這個角度來看，他人的目光也不是沒幫助，有人盯著的時候就會努力，這倒也不是毫無意義。將他人的眼光變換成鼓舞激勵自己的動力，不失為讓自己活得更好的智慧。

只不過，就宗教的角度來說，重點在於大方向、絕對性的事物與自我之間的關係，本質上他人的眼光根本無所謂，一個人來到這個世上，一個人離開這個世界，唯有自我一人的存在才是問題所在。最重要的就是「主人公」的存在，禪僧很重視「慎獨」（獨處時謹言慎行）這個詞，就是這個緣故。一個人的時候才是最希望嚴以律己的時候。

中國宋代很有名的慈明禪師，相傳他在修行中感到睏意時，會用手上的錐子刺大腿，藉此趕走睡意繼續坐禪。這實在不是凡人模仿得來的行為。多虧有這些先人，讓某位在道場修行的雲水（修行僧）感到莫大鼓舞。他想起「慈明刺股」的故事，為了提升自我，在結束一天嚴峻的修行後，仍在深夜到院子裡繼續一個人默默坐禪。這稱為「夜坐」，對求道之人而言，是再自然、再天經地義不過。不是做給別人看，而是為了內心深處眼睛睜開的自己。

此外，禪宗最重要的古籍之一《無門關》裡頭提到瑞巖和尚。瑞巖和尚每天都會對著自己喊：「主人公。」然後再回應：「是。」

「要睜大雙眼哦。」

「是，好的。」

「任何時候，無論何時，都要小心別被騙了哦。」

「是，是，好的。」

據說他會這樣自己演起獨角戲。

在這裡有著求道的原點，就是最樸實、能活得好的一種形式。我們這個文明社會，接下來會有愈來愈多的非人性因素，同時會被各式各樣的事物糾纏，容易失去自我、失去主體性。正因為會這樣，才要有隨時保有一條能回到真正自我的路徑，不是用腦袋思考，而是以身體記憶的「形式」。

怎麼樣？我們也學瑞巖和尚每天早上來段獨角戲吧。

「喂，你眼睛有沒有睜開啊？」

「有啊，睜開啦。」

「心眼呢？」

「有，沒問題。」

「要珍惜你的『主人公』唷。」

「好的，好的，我知道。今天也要努力一整天哦。」

第五章

色即是空（平等）

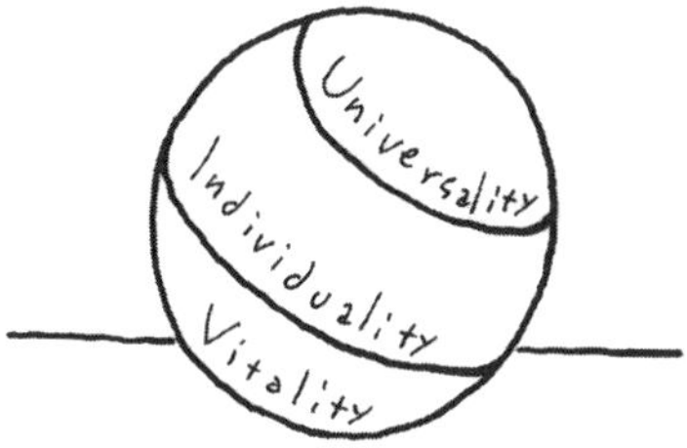

「從稍遠的距離看過去，那景象真是壯觀。」

「隔一段距離」，才看到整體

小王子走訪了六個星球之後，來到第七個星球——地球。而且他從高空看到地球美麗的景致，深受感動。

《小王子》作者聖修伯里是一位飛行員，事實上他在立下目標刷新巴黎到西貢之間的飛行紀錄時，曾經在利比亞沙漠失事，之後奇蹟似地獲救。作者曾在《風沙星辰》（*Terre des hommes*）的後半段描述這段遭遇，而《小王子》一書也反映出他的這段經歷，非常有趣。我特別留意到，身為飛行員的聖修伯里平常有個習慣，就是會從空中看事物。之所以會這麼說，是「隔一段距離來看」的態度，正為禪的一項重點。

小王子來到地球後第一個降落的地方就是沙漠，接著他為了尋找有人煙的地方在沙漠裡走了很久，好不容易才發現一條路，走著走著，來到一處開滿玫瑰花的庭院。

小王子盯著那些花，仔細地瞧，每一朵都跟他留在星球上的那朵花一模一樣，於是小王子感到非常難過。為什麼呢？因為那朵玫瑰花總是驕傲地說：「像我這樣這樣的花全世界只有一朵。」結果光是這個庭院裡，同樣的花就開了五千朵吧？小王子喃喃自語。

「要是那朵花看到這副景象，一定會非常懊惱。為了不被嘲笑，她會很誇張地假咳嗽，甚至裝死吧。然後我就不得不假裝照顧她，否則要是我不怪罪自己，說不定到最後她會真的死掉。」

「過去我以為自己擁有的是世界上獨一無二的一朵花，認為自己很富有，但其實我的玫瑰花只是一朵很普通、很常見的玫瑰花。」

我們對於愈是近在眼前的事物，愈是難正確評價，面對身邊的事物總難免會有任性的態度，直接受到自我利己主義的影響，一不小心就出現自以為是的獨斷看法。換成朋友關係的話，稍微拉開一點距離就能做出相對正確的評價；但要是親子或夫妻，就會因為距離太近導致判斷困難，著眼在一些小細節上，無法正確適當評價，很容易短視。再來更困難的就是把眼光放到「腳下」，「照顧」自己，進一步公平地「審判自我」。總之，要正確判斷，無論如何都得與評價的對象保持一段距離才行。

《從太空歸來》是一本很精采的書，這本書主要彙整了美國太空人的經驗談，由作家立花隆編纂而成，其中有一名叫做唐・埃斯利[1]的太空人說了這樣一段話。

「在地球上的人因為緊貼在地球表面，到最後只會以平面的角度看事物；在只以平面角度看事物之下，動不動就看到在平面上的差異。如

1. Donn Eisele，西元一九三〇到一九八七年，曾是美國國家航空暨太空總署的太空人，執行過阿波羅七號任務。

果在地球上到處看看，大家的印象應該都是對世界各國的感覺不同，風土民情各異，人種也不一樣，分屬不同民族，也有各自的文化。無論在哪裡都不同，從生活方式、食物到吃法，無論在何處都只看到其間的差異。然而，這些看來被視為差異的地方，從外太空望過去根本看不見，微不足道。

從外太空看不到那些支微末節，看到的是本質。於是，表面上的差異看起來都一樣；差異是現象，本質則一致。在地表上看差異的話，會覺得不同的地方果然不同；相對地，從外太空看差異，不同的地方也會覺得沒兩樣。人類也是，住在地球上的人類或許有種族、民族的差異，但根本上都屬於「智人」這個物種。說到對立、抗爭，這些都是以某些差異為前提，同樣的事物之間理論上不會有競爭。」

這番話恰恰道盡了禪的第一個重點。此外，這番話也說明了我在這章裡表達的內容。以「十牛圖」來說，就是第八圖「人牛俱忘」的世界。無論是主動追求的人，或是人要追尋的牛，都一起消失，只留下「一圓相」。

佛教上傳統講「體」、「相」、「用」。真實各從本體、相貌，以及作用這三個角度來看。當然禪也一樣。

禪既不是哲學也不是道德，但對現代人來說，其中確實蘊含

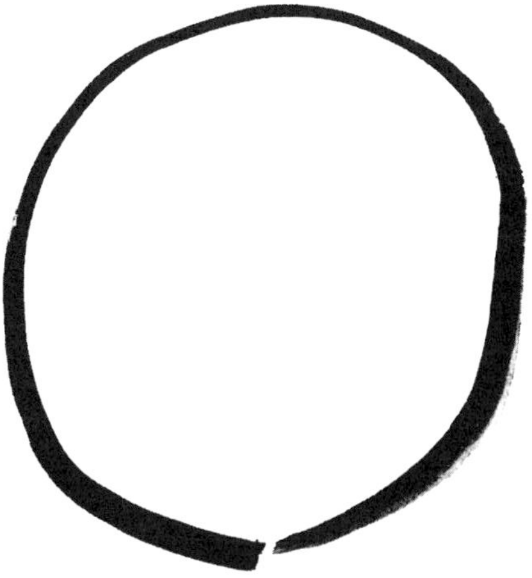

第八圖　人牛俱忘

著很精采的思想在內。近三十年來，歐美地區相當風行禪學，這是因為鈴木大拙[2]、布列斯[3]等人以獨具吸引力的英文介紹禪的思想，讓很多歐美知識分子產生濃厚的興趣。因此，禪對於歐美的文學、心理學、精神分析、繪畫、音樂、造園，以及其他藝術方面也都造成不小影響。

我的朋友，美國詩人蓋瑞．史耐德[4]在京都大學修行臨濟禪約六年的時間，之後成了將禪引介到美國最有貢獻的代表性詩人，但他在很久以前就寫過，「說不定禪學中心會在不久之後轉移到舊金山」。看到歐美眾多修行者的熱忱，我也隱隱察覺到這股可能性。

我自己也會透過著作跟演講，把禪介紹給國外的朋友。我通常會將禪分成三個角度來說明。

（一）普遍性、一般性（Universality）

（二）個別性（Individuality）

（三）執行性（Vitality）

當然，這三項是我依據佛教中的「體」、「相」、「用」，以自己的詮釋方式延伸出的詞彙。只不過體、相、用是所謂觀點的問題，並非實際的事物。真實是「一如」，沒辦法切割出來，所以用「體＝相＝用」來表達最好。禪，其實就是同時擁有Universal-Individual-Vital這三種顏色的球。

當這顆球在滾動時，還能隱約看到三個顏色，不過要是滾動的速度加快，看起來就成了一個顏色。不過，無論只看到哪個顏色，若誤以為那就是禪的全貌，那可要傷腦筋了。

---

2. 西元一八七〇到一九六六年，日本石川縣金澤市人。一九一一年前往英國，介紹大乘佛教與禪學。一九二一年任日本大谷大學教授，一九三三年將《楞伽經》譯成英語。一九三四年訪問中國，與胡適有論戰，有「世界禪者」之譽。

3. Reginald Horace Blyth，西元一八九八到一九六四年。英國文學家，由於對日本文化深深著迷，留下多部描寫日本文化相關著作。

4. Gary Snyder，西元一九三〇年至今。美國詩人、環保運動家。

本章的主題是第一個「Universality」，指涉的是「平等」之意；第六章（Individuality）是「差異」；加上第七、八、九章（Vitality）的實踐，這些希望大家能一起讀，不要分開。

再回到前面提到的太空人唐．埃斯利的那番話。「從外太空看不到那些支微末節，看到的是本質。於是，表面上的差異看起來都一樣；差異是現象，本質則一致。」

我們平常多以自我為中心，困在「支微末節」裡，然後對其他人吹毛求疵，動不動就起爭執。俳句名人小林一茶曾留下這樣的名句。

在稍縱即逝的世界，為宛如露水般微小之事爭執。

像這種喜歡與人爭執的是「阿修羅」，就是六道（地獄、餓鬼、畜生、修羅、人間、天上）裡的「修羅」，這叫做「六道輪迴」，人心就在這六道不斷輪迴。這只表示與生俱來的個性在現實中偏向六道裡的哪一個。例如很容易生氣；很容易斜眼瞪人；動不動就扯著嗓門罵人；一下子就咄咄逼人。容易有這種反應的人，就是喜歡爭執的阿修羅型。不去看共同的整體大方向，而是一不小心就把注意力放在一小部分的差異上。

其實，我們彼此的一生都像朝露一樣，稍縱即逝，時間有限。每個人都會感受到，時間隨著年齡增長過得愈來愈快，每一刻都很寶貴，無可取代。然而，竟然還在這麼寶貴的時間裡，為一些芝麻綠豆大的不同意見而爭吵，想想真的是莫名其妙，愚不可及。

然而，離開地球從外太空望過去，根本看不到表面的差異，看起來都一樣。我認為這是禪很重要的觀點。

日本人、美國人、俄羅斯人，我們通常會很短視地將焦點放在「日本」、「美國」以及「俄羅斯」的差異。不過如果拉開一段距離，看到的將是日本「人」、美國「人」、俄羅斯「人」這些「〇〇人」的共同點，大家都是人類，而非三者間的差異。每個太空人的說法都一樣，從太空看回地球根本看不到各個國家的國界，地球成了只是在遠方閃爍著藍光的一顆星球，而這個星球是適合人類居住的地方。「除了這個地球，我們沒有其他能居住的地方，結果我們竟然在這個地球上對彼此開戰，真是一件很可悲的事。」

色即是空，世上沒有絕對的自己

聖修伯里本身也在《風沙星辰》一書中這樣說過。

要抽出本質上的事物，就必須暫時忘卻每個人之間的差異。……至於本質，眾所周知，是將世界變得單純，絕非製造混沌。所謂本質這個詞，是指全世界共同擁有的事物。

《般若心經》裡有一句很有名的話——「色即是空」。色指的是存在，意思是存在即為「空」，森羅萬象全都沒有實體。我們主張自我，但自我並沒有實體，也就是「無我」。

世上並沒有絕對的自己，至於看起來像在這裡的自己，只不過是在無限的因緣累積之下，暫時呈現出的一個形象。對自己而言，一切都是用「借來的東西」打造出「暫時的形象」。

> 聚在一起結合成一座草庵，拆散後又回到原先的原野。

將原野裡的草木聚集起來，拿木頭當柱子，綑一把草當做屋頂，這樣子自然而然就是一座「草庵」。將草木暫時組合起來，就能塑造成屋子的外型，但拆開之後又回到原本的原野，「草庵」再也沒有形影。人就跟這「草庵」一樣，全都是用借來的東西打造，只是剛好有無限的「緣」集中在一點，所以不過是「暫時」的自己。更進一步看的話，其實應該是這樣吧。

聚在一起結合成一座草庵，即便不拆散也會回歸原野。

如果具備洞悉本質的能力，就不會被表面的形象所迷惑。

要是不呼吸空氣，我們馬上會死掉；不喝水的話也必死無疑，萬一沒有陽光，生物便無法活下去。說到底，我們都是剝奪了其他動物跟植物的生命，當做食物來讓自己保住性命，所以一切都是借來的，只是以暫時的形體活在世界上。想要切割一切來得到一個絕對存在的自己，很可惜，不可能找到的。可以肯定的只有無論生物或無生物都合而為一的「一如」世界。在這個世界裡，一切全是「空」，萬物皆平等，所有事物都是彼此互相扶持而存在，從這個「相依相關」的角度來看待事物，便是「色即是空」。

這類研究生物的種種學問叫做生態學（ecology），這個名詞近幾年來日本也經常使用。尤其美國從一九六〇年代之後，自然環保運動跟其他各式各樣的社會運動結合，愈來愈興盛。如果禪吸引歐美人士的第一個理由是「探求自我」（主人公）的話，第二個理由應該就是禪中蘊含著生態學的思想吧。

因此，美國的環保運動中可以看到不少禪的影響。事實上，我認識的一些在美國從事自然環保運動的朋友，很多也是定期到禪學中心坐禪，或是閱讀禪學相關的書籍，更重要的是如史耐德這樣的一名領袖人物，具有很強大的影響力，他的支持者自然而然也會對禪學感到興趣。這樣的環保運動作為禪學思想運用在現實社會的案例，可說相當重要，所以我也抱著很高的期待持續觀察。另一方面，佛教跟環保運動之間的關聯性在日本似乎沒那麼明顯，這是為什麼呢？

我還沒有答案，所以暫且擱下。我們的人生如果不踏入「色即是空」的世界，就會像是住在沙地上根基很淺的樓閣一樣。我們必須要看到包含一切萬物根源的「無的世界」、「空的世界」，一個無差別的平等世界。

聽說在太空中，所謂的上下、縱橫、高低，這些都不存在。只有在地球上，天花板跟地板才有意義；上方是天花板、下面是地板。然而，一到太空中因為不再有上下之分，就沒有天花板跟地板的區別，哪裡都是天花板，同樣地哪裡都是地板，每一面牆都是百分之百對等、平等。況且在無重力空間裡也沒有重或輕，似乎所有物體都很公平地重量為零。一到太空，任何人都能一窺「無」的世界，真是有說不出的美妙。

我們平常住在自我統治的差別世界，「從稍微遠一點的距離來看」的意思，就是從我們老是緊抓著不放的自我跳脫出來。也就是脫離自我，看到「無我」的「主人公」。從這雙「無我」的眼睛來看，沒有男也沒有女，只有男「性」、女「性」這個共同的人性。換句話說，男女平等，沒有哪一方勝或哪一方遜，男尊女卑或女尊男卑同樣愚昧，希望在獲得的人生中過得更真誠、更快樂、更有意義，這樣的期待不可能有男女之分。

聖修伯里說過，「所謂的愛，並不是對望彼此，而是一起望著同一個方向。」這句話出自《風沙星辰》，即使愛有千百種形態，我也認為他這句話道出了愛最基本的意義。

一般人在看著彼此的臉時，總會忍不住想要損對方一句。好比你的鼻子是獅子鼻、金魚凸眼、禿頭……之類，但只要一起頭，必定會吵起來。彼此的個性不同，喜好也不一樣，任何人都會以某種形式來承受人類共同的業，因此都需要從這類日常中、現象上的事物脫離一下，重新回到本質。回到眾人共享的「無的世界」、「空的世界」。從這個「離開稍遠的地方」來看的話，鼻子挺或塌、頭髮烏黑或稀疏，這些小事都變得無所謂，甚至會羞於去計較這些小事。

對相愛的兩個人來說，真正重要的事是「一起望著同一個方向」。關鍵在於立足在一個彼此理解的「平等」世界，兩人攜手建立一個有價值的新世界，不會迷失在「同一個方向」。

第六章
空即是色（差別）

「對我來說，你就是這個世上獨一無二的小男孩，
對你來說，我也是全世界獨一無二的狐狸。」
「再去看看那些玫瑰花，你就會了解，
你那朵玫瑰花是全世界獨一無二的。」

差別——對我而言，你很特別

前面一章提到太空人，重要的是經歷過太空旅行後回到地球，因為無論太空體驗如何精采刺激，那裡畢竟不是人類生活的場所，人類能賴以生存的只有地球。因此，再怎麼說重點都在「從太空返回地球」。從一趟精采的心靈旅程回到「此刻」在「這裡」的「我」，「照顧腳下」是一大關鍵。

接下來，在這一章裡要談的「差別」，跟前一章講到的「平等」相反，兩者都是佛教的基本用語，代表以「我執」的自我中心的角度，換句話說，跟平常對話中「差別待遇」的意思完全不同。佛教所說的「差別」，差不多是一般對話中講的「區別」，或是「不同的世界」。用我的話來說，就是「個別性」，是從「個別性」、「個性」等觀點來看待萬物。

小王子來到地球，看到跟他留在自己星球上一樣的玫瑰花，而且還綻放了一整片之後，便趴倒在草地上哭泣，原來自己的玫瑰花一點都不特別，到處都有，只不過是一朵再平凡不過的花。

這時，一隻小狐狸走過來告訴小王子。

「對我來說，你現在什麼都不是，只是個普通的小男孩，就跟成千上萬的小男孩沒兩樣，我不需要你，而你也一樣不需要我；對你來說，我現在也什麼都不是，只是隻普通的小狐狸，就跟成千上萬的小狐狸沒兩樣。但如果你馴養了我，我們就會需要彼此，對我來說，你將會是世上獨一無二的小男孩，對你來說，我也會是世上獨一無二的小狐狸。」

我們如果超越平常帶有差別的觀點，從「平等」的角度來看，萬物都各自擁有同等的尊嚴。對於還沒跟小王子當朋友的小狐狸來說，就算換了另一個小男孩也無所謂，哪個小孩子都好，沒有獨特的個性。換句話說，就像可以替代的機械零件一樣。從小王子的角度來看也一樣，這隻小狐狸跟其他眾多狐狸並沒有不同，即便用其他狐狸來換掉眼前的小狐狸，也不代表什麼。

然而，一旦這隻小狐狸跟小王子之間有了「情感」，彼此心靈相通，就會頓時產生巨大變化。觀點將立刻從整體轉向個別性（個性），從「平等」轉向「差別」；換句話說，對小狐狸而言小王子是「世上獨一無二的人」，對小王子來說小狐狸則是「世上獨一無二的小狐狸」——這就是關鍵所在。自覺將每一個個體當做不容混淆的「個」，這就是「差別」。

這部分就是「十牛圖」裡的第九圖——「返本還源」。「返回根本，歸還源頭」，也就是回到存在的根源、本質，正是原本該有的面貌。藉由人類在出現自以為是的看法之前的那雙無垢之眼，用「無心」來洞悉萬物的樣態，就能實際體會到一切事物都有無可取代的價值。

日文中的「謝謝」寫成「有難うございます」，這句話非常好。其實它是從「有り難い」而來，也就是很難得，不易存在的意思，衍生出對於對方的好意、友善是非常難得，令人難以相信的行為。在這句話當中，也包含了對每個個體存在之「難得」的感動。也就是說，自己在「此刻」能在「這裡」，其實就跟奇蹟一樣，是一件非常「難得可貴」之事。自己能來到這個世界，是因為有父母，父母又各自有他們的

第九圖　返本還源

父母，然後……以這種想法追溯，就知道有數也數不清的祖先，要是少了其中一人，現在的自己便不存在。何況在幾億顆精子中唯獨一顆精子跟卵子結合，才會有自己誕生，如果當時與卵子結合的是另一顆精子，孕育出來的就不是自己了。想想這樣的事實，就能清楚了解「此刻」在「這裡」的自己，的確是從無限多的可能性之中實現的唯一結果。這個「我」沒有因為意外身亡，也沒有病死，而像現在這樣活著。在無限寬廣的宇宙中，就在一顆小點，也就是能夠讓生物存活的地球上活著。從這個角度來看，無論是人類、其他生物甚至無生物，一切都很「難得」。而這樣的「難得」對照於實現的事實來看，我們對於萬物除了「感謝」之外再無其他。這裡就有禪的「差別」之心。

小狐狸接著又說。

「只有自己花心思馴養的東西才會真正了解。……人們到商店裡，什麼都要買現成的。不過，沒有一家店能買到友誼，所以人們不再有朋友。」

要真心產生情感，需要時間與「包容」，這跟沖熱水等三分鐘的即食食品在根本上完全不同。心，不可能光靠金錢來解決，得花上時間用真心來培養，就像無論花多大筆錢，都不可能讓一個小嬰兒眨眼間就長成大人，也不會讓杉木幼苗瞬間長成大樹。

隔天，小狐狸對去找他的小王子這麼說。

「你最好在同一個時間來。比方說，你固定在下午四點來，那麼三點一到我就開始覺得很高興，接著會愈來愈高興，到了四點鐘，我就會感到忐忑不安，雀躍不已。」

如果沒有固定時間，隨自己高興來的話，等待的一方就沒辦法做好心理準備。所以小狐狸說，遵守「理想的儀式」很重要。

這裡所謂的「儀式」，就是將混亂的心情準備好之後進一步表達的「心靈的形式」。因為某件事而感動時，將那股感動的情緒整理之後，再用例如俳句的形式來表達。這樣的俳句就是心靈的形式。告別式、法事，這些也可稱為是整理人們悲傷情緒的一種形式。沒有感動、心靈空虛的人，就不需要這類心靈的形式，但對於心靈充實的人而言卻不可或缺。

小狐狸說的那句「最好在同一個時間來」，意思是從無限的時間流動的整體之中，擷取出特定的一瞬間。因此，觀點就從「平等」轉向「差別」，從整體轉向個體。

「這會讓某一天變得不同於其他日子，讓某一個小時變得不同於其他時間。」

接下來小狐狸更說了，「你再去看看那些玫瑰花吧，你現在會懂得你那朵玫瑰花在世界上有多特別了。」

小王子走到滿是玫瑰花的院子，對那片玫瑰花這麼說。

「妳們很漂亮，但妳們也很空虛，因為沒有人願意為妳們而死。當然，一個尋常路人會認為我那朵玫瑰花——專屬於我的那朵，跟妳們看起來一模一樣，但她一朵就勝過妳們千百朵，因為她是我馴養過的那一朵，因為她是我曾為她蓋上玻璃罩的那一朵，因為她是我曾為她用屏風遮擋的那一朵，因為她是我曾為她殺死毛毛蟲（只留下兩三隻好變成蝴蝶）的那一朵，因為她是我聆聽的那一朵，她抱怨，她吹噓，甚至有時她什麼也沒說。因為她是『我的玫瑰花』。」

接著小王子回來後，小狐狸在道別之前送給他說好的神祕禮物。

「用心才能看得正確清楚，最重要的事物用肉眼是看不見的。」

「你花了很多時間在你的玫瑰花上，才會使得她變成一朵這麼珍貴的玫瑰花。……你必須永遠對馴養的對象負責，你有責任照顧你的那朵玫瑰花。」

小王子聽了小狐狸告訴他神祕的真理之後豁然開朗，因為他了解到「差別」，就是有個別性的世界。小王子的玫瑰花跟院子裡的玫瑰花，表面上看來都一樣，關鍵性的差別就在於前者有人花了時間以「體貼」、「包容」的心來守護栽培。所以小王子才能帶著自信對院子裡那些玫瑰花說，「因為她是『我的玫瑰花』。」小王子清楚意識到自己深愛著那朵玫瑰花，對小王子而言，那是「世上絕無僅有的」玫瑰花，就算有更漂亮的花，也絕對無法取代那朵玫瑰花。

「平等」與「差別」的智慧

讓我們再來整理一下「平等」跟「差別」的概念。

前面一章提到《般若心經》裡的「色即是空」，意思是森羅萬象（「色」）一切都相依相關，沒有任何切割之後還能存在的絕對個體（「空」）。這就是「平等」的「空」之世界。然而，《般若心經》中之後又立刻接了「空即是色」，這一點非常重要。這個「空」的世界，其實指的就是這世界的森羅萬象（「色」），即便是「空」，並不代表什麼都沒有，「空」會變成各種現象、各種形式，出現在我們的面前。換句話說，存在是無，無即是存在；每一個個體從這個「空」的面向來看就是「平等」，從「色」這個面向來看就是「差別」的世界。

至於這一章的主題是「差別」、個別性，日本海軍中將小笠原長生曾留下這樣的句子。

看哪，舍利子。空即是色，繁花盛開。

《般若心經》是由觀自在菩薩對著舍利子所說的話集結而成，其中觀自在菩薩說，「舍利子，真實的樣貌即為『色即是空，空即是色』」，小笠原長生便以此為基礎寫下前面那個句子。「舍利子，怎麼樣，你看看啊，當你看到繁花盛開得這麼壯觀，不能再說是『色即是空』了吧，這就是『空即是色』啊。」

這個句子如果改成「看哪，舍利子。色即是空，繁花盛開。」——就連這麼壯觀的繁花盛開，終究也非實體，稍縱即逝——這樣的話，就變得符合常識，屬於日本的傳統美學；我卻認為徹底顛覆這個無常觀，才是這個句子最有趣的地方。況且，從「色」這個字，自然而然令人聯想到繁花盛開時的鮮豔色彩，其中也含有文字遊戲的趣味。

如果將繁花盛開用一張紙來當做例子的話，「色即是空」跟「空即是色」就分別是一張紙的正反面。任何一張紙都會有正反面之分，有反面必有正面，有正面必然就有反面；但即使有正反面，終究還是同一張紙。因此，「色即是空」的「平等」世界，跟「空即是色」的「差別」世界，就算能加以區分也絕對無法切割。換句話說，面對眼前的繁花盛開，看到的是立刻凋零恢復的「空」之世界，以及享受此刻萬紫千紅的「色」之世界，兩者其實就是一張紙的兩面。

美國哲學家佛洛姆[1]曾在《愛的藝術》（*Die Kunst des Liebens*）中這麼說。

成熟的愛，即便是彼此結合，也不會喪失各自本身的個性。愛，是人類具備的一種主動的能力，能夠打破自己與他人之間的隔閡，讓自己與他人結合。因為愛，能夠克服孤獨與孤立的感覺，不會迷失自我，能守住自己的本分。相愛時，會出現一種矛盾，即在兩人合而為一的同時仍保有兩個獨立個體。

真正相愛的兩人，在「你」與「我」之間，自我的那道牆會逐漸消失，相愛的兩人身心也會毫不勉強、自然而然地合而為一，合而為二，一心同體，一心異體，兩心同體，兩心異體……慢慢出現變化。你和我是一體，這是「平等」，但同時你也是你，我也是我，彼此以獨立的個體互相尊重，這就是「差別」。對相愛的兩個人來說，「平等即差別」與「差別即平等」這個佛法上的真實，是天經地義再自然不過的事。而佛洛姆認為，這才是真正的愛。

由此可知，「平等」與「差別」實際上告訴我們很多道理，尤其以我這種基層教育工作者的角度，我認為教育確實就是禪的實踐（用我的話來

1. Erich Fromm，西元一九〇〇到一九八〇年，美籍德裔猶太人。人本主義哲學家和精神分析心理學家。畢生致力修改佛洛伊德的精神分析學說，以切合西方人在兩次世界大戰後的精神處境。

說就是「Zen Vitality」）。有時候從「差別」的角度，扮演《麻雀學校》裡那個「嚴格揮教鞭」的老師，或者偶爾得從「平等」的立場，當個「不知道誰是學生誰是老師」，就像《魚目學園》裡的老師[2]。

老師有老師的任務，就像學生也有學生該做的事，為了迎合學生而對學生睜一隻眼閉一隻眼，並不是一個好老師，要完成使命和任務有時候也必須狠下心來嚴格對待。況且，只靠一張嘴就想做教育也是不可能的事。

> 要嚴懲長篇大論說教的僧人之口，一、兩千都有。

事實就是如此。話說回來，說教太冗長就會得到反效果，禪僧的話，與其嘴上說不如親身行動當做示範，教師也是同樣的道理。

此外，有時候要從「平等」的立場一次拉起所有學生，但偶爾也得從「差別」的角度，依照每個學生的優劣程度還有個性來加以指導才行。必須「平等」引導出每一個學生具備的主體性（主人公）與尊嚴性（佛性），絕對沒有任何一個學生可以被捨棄，要盡全力幫助所有孩子了解到人性的尊嚴；同時，教育者的另一項重要使命，無疑是為每個孩子引導出不同的自我特性。

禪語中說，「一人辯若懸河，一人口才木訥」。意思是有的人說起話來像急流似地快速，辯才無礙；但也有些人不善言詞，說起話來吞吞吐吐。不知道是不是為了反映出這個忙碌的時代，電視上的主播還有與談者，似乎每個人說話的速度都愈來愈快，幾年前我讀了一位主播寫的〈訥辯之辯〉[3]的文章，讓口拙的我大大鬆一口氣。這世上既有舌燦蓮花的人，也有寡言木訥的人，各有不同。

每一個學生一定都有自己的優點，無論是會念書也好，擅長運動也

2. 《麻雀學校》與《魚目學園》皆為日本童謠。
3. 譯註：「訥辯」指不善言詞。

好，會唱歌、會畫圖的孩子也不錯。也有些孩子做什麼都不出色，卻有一顆比誰都善良的心。日本童謠詩人金子美鈴不也說過嗎？「眾人並不相同，每個人都很好。」每一個優點都「平等」傑出，而每一項有「差別」的天分不也很優秀嗎？

第七章
照亮一隅

「那是我唯一不覺得荒謬可笑的人。
或許因為他思索的是他自身以外的事情。」

珍惜「照亮一隅」的人生

我很喜歡美國詩人愛蜜麗．狄更森[1]的這首詩。

如果我能守護誰的心不撕裂，
我的一生便不虛擲。
如果我能紓緩誰的人生悲苦，
療癒他的傷，
或是幫助昏迷的鳥兒，
靜靜回到牠的巢，
我的一生便不虛擲。

1. Emily Dickinson，西元一八三〇到一八八六年，美國詩人。生前只發表過十首詩，默默無聞，死後近七十年才開始得到文學界關注。

狄更森是十九世紀的美國詩人，她不喜歡社交，大半輩子都跟社會沒什麼交集，過自己的生活。就連作品也沒多少是在生前發表，直到過世之後，她留下的大量詩稿才被發現，陸續問世。話說回來，她並不是那種無視社會的利己主義者，從她的這首詩就能看出來，這位詩人也認為要珍惜「照亮一隅」的人生。

人生有千百種形態，有一種極度自我主義，只要自己好就行，完全不在乎是否造成他人困擾的人；也有人在不給其他人添麻煩的原則下隨心所欲。另外，有些人「不只顧自己，也為他人著想」。甚至有些人只要能為社會、為他人盡力，就會感到很快樂。

然而，人既然是生活在「人群之中」，只顧自己的這種價值觀究竟能不能獲得最終的滿足，這點倒是讓人不免有一絲疑惑。

魚藏於水，鳥棲於木，人居人情之下。

這句話的意思是，如魚得水，如鳥棲木，都是在最適合的環境，而人呢，生活在社會的人情交錯之中最理想。也就是說，人似乎無法無視於他人的存在，獨自生活。就像人與人互相支持，才會有「人」這個字的出現，而人在「人群之間」互相支持，才會有我們所說的「人間」。

即便人生的宗旨是依照自己的喜好而活，也不能無視他人。因此，如果能同時顧及自己的喜好，又對他人有貢獻，這應該是最棒的人生吧。為他人努力工作，為他人帶來助益，然後一起分享喜悅，這才是「不虛擲」且有意義的人生吧。

過去我曾經幫忙過石牆施工的工程，堆石牆時需要幾種不同類型的石材，鋪在表面的因為很顯眼，無論在大小或形狀上都要很仔細地挑選才行，這些就是所謂的「精選石材」。不過，光有大石頭沒辦法堆成石牆，中間還需要塞些比較小的石子，接著在大石頭的背面塞入一些沒有其他用途的碎石，最後在上方蓋上土。我幫的忙就是收集那些碎石，在來回搬運幾次後，我忍不住笑了。因為我覺得跟那些碎石之間有一種很奇妙的親切感，「哈哈，這些都是我的同伴。」

外型好看又氣派的精選石材只要放在醒目的位置就行了，但即便只是碎石，也有屬於它該在的位置，在大石頭的背後，很了不起地盡一分力。因為「適得其所」讓整體活了起來，有了這些碎石才能打造一座石牆。

人的大前提也是每個人理想的「適得其所」，要是沒有一個真正適合自己的地方，就很難發揮自我。發揮自我，也讓他人發揮；藉由他人發展，自己也持續發展。於是，如果到最後可以從自己開始為社會「照亮一隅」就太好了。

走訪到第五個星球的小王子在那裡遇到了點燈人。點燈人的工作是每天一入夜就點亮路燈，到了早上再一一熄滅。只不過一開始還好，但後來這顆星球轉得愈來愈快，之後變成每一分鐘就轉一圈，點燈人得在這短短時間內一下子點亮路燈，一下子又熄滅，慌忙得不得了。然而，他接受的命令卻沒有改變，他只好繼續努力工作。這故事聽起來好像現代上班族的寫照。

禪的理念就是「在每個當下全力以赴」，從這個角度來看，能盡全力把自己手上的工作做好，真是一件值得稱讚的事，只不過「腳踏實地不時伴隨著輕忽怠惰」也是事實。對待本身職務的熱忱僅是真理的一部分，同時還要看看這份工作對於社會及大自然又如何，必須正確體認到對社會是正面還負面。

如果自己的工作會造成公害，破壞大自然，那麼「在每個當下全力以赴」就不是什麼好事，因為愈是盡全力就愈導致危害社會的結果。所以千萬記得在理解禪的理念時，切勿囫圇吞棗。

尤其在現代這種複雜的時代，沒有正確的「智能」與「智慧」來佐證的話就很危險，「主人公」沒有真正覺醒之下也很危險。因為過於忙碌，迷失了自我而流於一種慣性，結果腳踏實地跟輕忽怠惰變得都一樣。看起來點燈人雖然具備坦率這種寶物，卻少了另一項很重要的——「智慧」。

就算這樣，小王子還是很喜歡忠於命令的點燈人，我本身也沒來由地喜歡這個人。在社會上八面玲瓏的人可以靈活運用天生的才華，另外，也有一些人雖然心地善良，人也好，卻不懂得在社會上的生存之道，令人懊惱。這些都是每個人天生的資質與才華，也無可奈何。不過，無論在職場上或是在家中，這種像點燈人一樣在自己的崗位上默默努力的人，我就很喜歡，這樣的拚勁日文漢字寫作「一所懸命」。此外，我跟那種在社會交際上顯得笨拙的人，總會心生一股共鳴，有種莫名的親切感，忍不住要為他們加油打氣。

前面提到的代表「努力、拚命」的日文成語「一所懸命」，現在似乎大多寫成「一生懸命」，但最初的意思是「命懸於一處所（領地）」生活，當然解釋成命懸於「一生」而活也很重要，但這麼一來感覺一輩子都很疲德，用「一處所」的解釋感覺更明快一些。如果是能力強的人，則不限於「一所」，要「兩所」、「三所」都可以，只是我們一般人不專心在一處就做不好事情。所以至少顧好僅有的「一所」，也就是能在社會上「照亮一隅」，光做到這一點就很了不起。

打掃、持家，都是積德

「積陰德」也是禪的理念之一。社會上一般人多半在行為上在意他人眼光，例如，常有人說「不要讓人家看笑話」、「無法忍受」、「不成體統」等，重點不在於做了不好的事而感到抱歉，而是導致社會風波而感到過意不去。此外，永遠將他人眼光當做行事基準的我們，很自然會做出顯眼的舉動，或是想展現好的一面。到最後就會變得在自己的內心缺少了一點堅定主導自我的主體性。

不過，也有另一個不同的世界，有些人在沒人看得到的地方，實踐著利於他人的善行，不為展現給任何人看，只是默默積德。要以自己的步調來「積陰德」，反倒在沒有人看到之下似乎容易一些。因為這麼一來不會被多餘的自我意識所迷惑，能夠直接聽到本身自我「主人公」的聲音。

點燈人藉由忠實執行他人的命令來積德，但要是真正聽從本身「主人公」的聲音來積陰德的話，這就是禪的修行了。並不是只有坐禪才是禪修。

傳統上禪的「作物」（身體勞動）非常重要，正如百丈禪師所言，「一日不作，一日不食」，對於打掃上也很重視，甚至說能夠確實打掃環境，才能算是獨當一面的禪僧。掃除寺內庭院的落葉，不僅是掃除物體上的落葉，也在掃除心靈這處庭院裡名為煩惱的落葉。將散落在心中的煩惱落葉一片，一片，仔細地掃個乾淨。接下來，用抹布把累積在大殿走廊上自我內心的灰塵擦拭乾淨。禪寺的住持對此特別用心，希望來到寺院的人都能在潔淨的環境下讓心靈得到洗滌，恢復原有的清淨。這也是禪中「陰德」

的形式之一。我認為只要是好的宗教，都會有一套這樣的實踐理論。

至於社會的「一隅」，首先指的就是家庭。而家中的點燈人，從本質上來看就是一家的靈魂人物，主婦。家是休息的地方，是彼此激勵的地方，是將優良文化傳承下一個世代的地方，也是對每個人來說無可取代的地方。一個家庭的氣氛是陰沉不融洽，或是開朗舒適，端看點燈人的個性與智力；一個家庭的面貌將對孩子的人格形成帶來重大的影響，進而改變命運，因此非常重要。

另一方面，如同禪語「兒不嫌母醜」所言，母親的存在極其強大，就算長得不好看，個性上有缺點，對孩子來說母親就是母親，不會嫌棄。無論男女，每一個人都是打娘胎出生，對母親的孺慕之情天經地義。講到對孩子的影響力，尤其在幼兒時期，毫無疑問當然就是母親。身為家中靈魂人物，希望世上所有的母親都能打造好的家庭，當做自己引以為傲的作品。

近幾年來，日本似乎緊跟著美國的腳步，家庭崩解成了社會上一大問題。一個家分崩離析，犧牲了孩子的幸福，令人不忍卒睹。人畢竟還是動物，需要一個棲身的窩，紓解一天下來的疲勞，為明天做好準備。這樣的「窩」就是家庭。有了家，社會才能成立。家庭是空氣，是清新潔淨的空氣，或是宛如泥沼混濁的空氣，天差地遠。吸收的空氣不同，也會影響到家人的健康與士氣。

過去我們寺院範圍內有一間地區的公會堂（公民館），我師兄的父母親就住在那裡。記得我在念中學還高中時，每次從前面經過就會聽到他們夫妻兩的笑聲，兩人現在已經過世，但無論多有錢的大富翁，或是受過多麼高等的教育的人，都會為那棟破舊平房裡傳來的夫妻笑聲表示敬意吧。他們真是難能可貴的點燈人。

現在的年輕人似乎沒什麼機會思考有關宗教或心靈的問題，講到宗教、寺院，很多人會認為是老人的話題，更誇張的還有人會跟迷信混為一談。已經不知道多少次聽到西方人告訴我，「跟日本人問禪，結果一問三不知耶。」現在還有很多人說來到日本修禪也沒用，聽了雖然感覺很不堪卻是事實。在美國，禪學中心有很多年輕人聚集，只為了坐禪修行，他們為了培養能在當下生存的力量而修行；至於在日本，人群聚集到寺院很可惜幾乎都是因為告別式、忌日等這類為了亡者在禮儀上做法事的時候。

法事當然有法事代表的重要意義，而且如果能藉此讓人領悟宗教的真義，那也很好。不過，我認為宗教是讓活在此時、此處的你，想要活得更真實所需的心靈支柱。事實上，在日本各地都有很多有心的僧侶，為了「照亮一隅」而努力，不過可惜的是大體上的流程都沒什麼變化，我經常收到來自國外的信，「我想去日本修行，卻不知道該去哪裡，可以請您告訴我嗎？」就目前的狀況來看，日本接受外界修行的態度還不夠積極。

我自己身為僧侶，又住在日本，卻不敢說積極地將禪的吸引力介紹給日本年輕族群，為此我也感到羞愧。但我想起手邊有一本名為《僧伽》的小冊子，這是一九七四年我跟靜岡女子大學（現在的靜岡縣立大學）的學生一起辦的雜誌，這本雜誌只出了一冊就結束，因為一年後我就轉任到靜岡大學了。

「僧伽」是從古代印度梵語來的詞，意思是集體出家，廣義來說，或許用「同伴」這個詞比較好懂。對於努力生存的人來說，勢必少不了夥伴。能激發良性競爭、彼此互助的朋友是真正的寶藏，因此一群學生聚集起來，一同坐禪、念書，組成一群「僧伽」。現在靜岡女子大學不復存在，令人懷念的研究室、宿舍，全都沒有留下來，但當年的成員多半已經為人母，在家庭、職場點亮僧伽的理想之燈，我想她們一定不會忘記用自己的方式來「照亮一隅」。

再說到「十牛圖」的第十圖「入鄽垂手」，也就是到街上伸出援手。經過求悟、嚴峻的修行，但最終的目的就是運用悟出的道理，並且和他人分享，這無疑是一種利他的行為。每一位為眾生祈福的修禪者，共同的願望就在於此。

看看我周圍那些心靈豐富，具有吸引力的人，心中大多有願望，有了願望才會讓心靈豐富。我認為願望賦予人生意義，而且毫無疑問為人生增添光彩。

我曾聽過一個感動的故事，是關於某人因為心愛的人因病過世，便從無助的絕望中產生立志成為醫生的決心。這樣的願望給人力量，以及稱為「執著」的意念，還有努力、耐

第十圖　入鄽垂手

力等各種能力。能給人帶來巨大力量的經常都是不幸的經歷，但從此產生的力量確實總是不屈不撓。

然而，如果是過著沒什麼特別感動、庸庸碌碌的人生，這種人本來就連找尋自己的願望都很困難，因為他們無法分辨哪些是「無所謂」，哪些是「不容妥協」，於是要將這些事培養成「願心」更是困難。假設就算擁有所謂自我堅持的願心，但想要長久保持下去更是難上加難。

《小王子》裡的第一人稱「我」，雙手抱著入睡的小王子趕路時，說過「覺得自己好像抱著一只非常易碎的寶貝。」

我感覺小王子看起來更脆弱了。我必須要保護他，他就像微弱的燭火，一陣微風吹來就要熄滅了。

沒錯，愈美好的東西愈容易受傷。

願心就是「非常易碎的寶物」，而理想的燈火確實容易熄滅。但這盞燈火一滅，自己也會同時失去了棲身之所，這等於喪失了關鍵的自我。因此得隨時留意，不能讓那盞燈火熄滅。

如果人生到最後都能秉持著「照亮一隅」的「願心」，那麼就會像狄更森的那句詩，可以驕傲地說「我的一生便不虛擲」。

第八章 自由

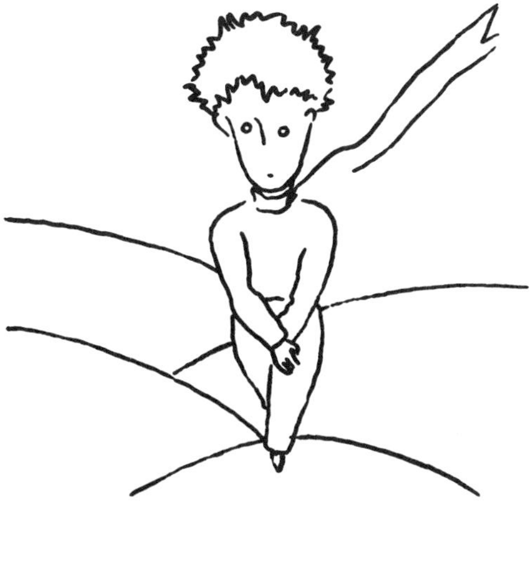

「假如我有五十三分鐘可以任意使用，
我會從容走向一處清新的活泉水。」

盡力而為，不過度回應他人期待

在賣解渴特效藥商人的那段故事裡，提到只要每星期吃一顆藥就不會口渴，可以省下喝水的時間，算一算一星期就有五十三分鐘，省下來的五十三分鐘能依照個人喜好自由使用。對此，小王子說如果是他，他要悠閒散步，走到一處泉水喝新鮮的湧泉。

小王子這麼說。

人們匆忙搭上特快列車，卻不知道自己尋找的究竟是什麼，只是一古腦地奔跑、興奮，在同一個地方繞來繞去。

這是個匆忙的時代，變化的速度實在太快。尤其科技領域的發展讓人瞠目結舌，器官移植的技術逐漸改變了單純的生命觀，其他無論像太空梭、電腦，各方面的飛快進步都是令人難以想像的。在科技如此驚人的發展中，機械與人類的均衡、萬物與心靈的均衡，似乎完全崩解，留下人心的問題。

文明是藉由過去遺產的累積，更進一步發展而成，但很可惜的是心靈並非如此，即便給得了物質上的財產，卻給不了一己建構的人格或人生觀。就算是自己心愛的孩子，也沒辦法私相授受，任何人都只能以天生的資質為基礎，從零出發，經過各種歷練後才能獲得精神上的成長。感動的能力、愛的能力，這些精神上的價值只能靠自己來建構，別無他法。因此，縱使文明如此發展，但人心的成長似乎跟過去沒什麼太大差別。不對，甚至在精神層面上還有退步的跡象，沒有任何一點能保證就人性上現代人比古代人更優秀。

我們依舊緊緊抱著「物質上的富足即為幸福」這個大前提，被「金錢等於幸福」的幻想綁死，「進了好的幼稚園，進了好的小學，進了好的中學，進了好的高中，進了好的大學，進了好的公司，領了不錯的薪水。為了領到不錯的薪水，就要進好的幼稚園，好的……」落入這樣的價值觀。無限輪迴。

我想起一個落語段子。

有為青年在大白天睡覺。老者見狀大罵：

「什麼有為青年，快起來工作！」

「工作了，又能怎樣？」青年問。

「工作了，不就能賺錢嗎？」老者答。

「賺了錢，又能怎樣？」

「不就能成為有錢人嗎？」

「成了有錢人，又能怎樣？」

「成了有錢人，不就能整天睡覺嗎？」老者道。

青年聽了便說：「我現在就在睡啦。」

現代的病源就是偏重數字，還有這種看來煞有其事的表面道理。

小王子走訪第三個星球時遇到個酒鬼，他一個人喝著酒，周圍堆滿了酒瓶跟空瓶。

「你為什麼喝酒啊？」小王子問。

「我想忘記。」酒鬼答。

「你想忘記什麼？」

「忘記我自己很可恥。」

「到底有什麼事讓你覺得可恥啊？」

「就像這樣喝酒喝不停。」

同樣的道理。被這樣的邏輯或道理困住之下，就會永遠在表面打轉。禪並不喜歡這類繞圈子的輪迴，並不是無視於邏輯，而是不拘泥，因為一旦成了理論的俘虜，就沒什麼好說了。像是關鍵的生命本身，以及「主人公」的自由發揮，這些都是一種超脫邏輯的大問題。

日本明治時期有個叫做原坦山的禪僧，留下一段很有意思的小故事。

坦山還年輕時，跟友人雲水行腳各地遊走。兩人來到一條小河旁，忽然發現一位妙齡女子，女子看到因雨突然暴漲的河水，思考著該如何渡河才好。一會兒之後終於下定決心，撩起和服下襬，一腳踏入河裡，卻因為水流太急而躊躇不定。這時坦山見狀便上前對女子說：「來吧，抓緊我，我抱妳過河。」於是他緊抱著女子，順利渡河上岸後，他瞧也沒瞧向他道謝的女子，逕自快步往前走。

友人雲水看在眼裡，十分介懷。他心想，「既然身為修行僧，怎麼可以擁抱妙齡女子呢！」後來他實在忍不住，便對坦山說了。

「你剛才抱了那位年輕女子，身為修行僧怎麼能做這種事呢？」

結果坦山聽了大笑。

「怎麼？你還抱著那個女子不放嗎？」

這個故事裡有我說的「Zen Vitality」，坦山內心的「主人公」能自由自在地發揮。以常識來說，修行僧抱著女人當然是一大問題，違反了戒律。然而，坦山的人性關懷很自然地就表露，究竟嚴守戒律重要，還是救助危難的女子重要？對學者來說，這是個得花上一段時間來討論的兩相矛盾，但修禪之人卻能立即反應。不過，故事中的另一雲水，面臨這樣的狀況仍只是死板的堅守戒律，禪對他並沒有發揮作用。

諷刺的是，人最大的敵人經常是自己，先決條件是從本身讓自己自由，明明沒有繩索，卻用看不見的繩索束縛自己，這就是「無繩自縛」。

自我意識產生了不必要的繩索，綑綁住自己。

例如，在醫院接受注射時，討厭打針的人看到針頭愈來愈近，就會產生「好痛！好痛！」的恐懼，反而將全副精神都放在這上面。結果原本大概就像被三隻蚊子叮咬的程度，卻因為恐懼這條自我意識的繩子，讓實際感受到的痛變成一百倍。

精神壓力也一樣。為了要回應他人的期待而感受到壓力，接下來對這件事太過在意，就會成為綁住自己的繩索。但其實只要盡己所能，剩下的就交給老天了。使出平常所有的力氣，盡全力去做，人能做到的就是這樣。當一個人盡了全力，心情真的會變得很瀟灑，也不會在乎結果如何。大文豪夏目漱石說這就叫「則天去私」，這正是所謂的「無我」。

近年來日本社會似乎到處都形成一股管理主義，學校教育也傾向以某些理由或規則來束縛孩子，或許是我曾在美國加州聖地牙哥待過半年，看到大兒子、大女兒上的小學、中學，才更有這樣的感觸吧。當然，美國國內也有很多傷腦筋的問題，但在盡可能尊重個人自由的態度上並沒改變。

美國跟日本在民情與傳統不同，自然各有優缺點，但我對日本這個莫名其妙的趨勢就是特別在意。這不只是學校，連家庭、整個社會都有責任，必須要由大眾讓年輕人學習自由的重要。換句話說，以一名大學教師來看日本的初等、中等教育，確實有這樣的感想。

我自己的學生也一樣，以強迫、指定的方式，大家做什麼都很「認真」。上課踴躍出席的狀況令人驚訝，也會乖乖交報告。但如果放大家自由，情況就立刻變得不一樣。每個人都像站在自動門前面，認為只要杵在原地就會有人隨時幫忙準備好一切。對於已經習慣這種被動式教育的學生來說，面對老師指示之外的事並不會表現積極的態度。

因此，我大概每年會發一、兩次脾氣，有時候也會大罵學生。幾年前有個學生在報告上這樣寫。

「不要用那種像在動物園看猴子的眼神看我！」老師這句話現在仍深深刺在我心上。

那時，我們看著教室散了一地的傳單，仍然一派輕鬆地就在椅子上坐下來。老師進來之後，默默地撿起地上那些傳單，我們卻沒半個人主動幫忙，大家只是呆呆地望著。老師把紙張撿乾淨之後，站上講台就罵了前面那句話，指責我們的態度。當時我覺得好後悔，覺得自己怎麼會做出這種事，氣自己氣得不得了……我後來發現，當下「被觀看的猴子」並不是老師，而是我們。……無論什麼樣的時代來臨，人都不能失去人性。然而，在那堂英文課，我雖然坐在第一排，卻沒有做出身為一個人該有的行為……

大學的教室裡經常會有學生廣發的宣傳單掉一地，我很不喜歡看到這麼亂，都會主動撿起來整理，但至今從來沒看到有學生會主動、積極來幫忙；可能是覺得不太好意思，但所有人都只會像「在動物園看猴子的眼神」看著我而已。話說回來，即便只有一個學生了解我罵人背後的含意，也確實令我欣慰。

人生無法如意，但總有好事

在沙漠中行走的小王子跟「我」，終於找到了水井。

我把裝了水的盆子送到小王子嘴邊，他閉著眼睛喝起水，這水好似節慶活動中才有的，特別好喝，跟平常的飲料真的不一樣。之所以這麼好喝，是因為在星空下走一段路，然後聽著水井中吊桶的聲音，用雙手把吊桶拉上來。這就宛如溫暖心靈的禮物。

人性中真正的感動或喜悅，光是袖手旁觀是無法獲得的，如果自己沒有自由、積極去參與，就得不到。必須要「在星空下走一段路，然後聽著水井中吊桶的聲音，用雙手把桶子拉上來」才能獲得。如果只認為事不關己，冷眼旁觀，這感動永遠不是自己的。無論感動、喜悅，坦白說都是努力的勳章。

我的書法師父沖六鵬大師，據說他是「先仔細看著範本寫五十次，接下來的五十次在不看範本之下寫」，這個道理可以運用在任何事情上。前五十次努力模仿範本，因為學習就是一種「模仿」，藉由模仿來吸收傳統；接下來就能自由依照自己喜好來寫，展現出各人本性的「個性」，在傳統與個性的均衡下自由創作。

「進入格局，出得格局，方能獲自在。」這是俳句詩人松尾芭蕉說過的話。真正自由的個性，必須以傳統為基礎，不是未經任何努力就能輕易獲得的。先經過五十次不斷努力模仿，才能「進入格局」。在這段努力告一段落時，了解到真正的意義──「不在追求前人的腳步，而在追求前人探尋的目標」，透過模仿範本來了解傳統的精髓所在。這時自然湧現的就是「個性」，這才是創造新型態的原動力，我認為這才是真正自由的創意。

個性、自由，這些詞彙用起來很簡單，其實不是這麼一回事。所謂的個性，跟單純的怪癖天差地遠。怪癖是性格上的扭曲、乖張，不過是單純的汙垢。

接下來針對「自由」歸納一下結論。

人生不能盡如人意，任何人都有這種感覺。希望永保健康，卻不知道什麼時候會生病；想要活得長久，但不知道何時會死；想著賺大錢卻失敗虧損；祈禱有個好伴侶，選到的是完全相反的對象……總是事與願違。

生老病死是所謂的四苦，如果再加上愛別離苦、怨憎會苦、求不得苦、五陰盛苦，合起來就是八苦。除了「生」之外，老、病、死都不能依照自己的意思，再加上與心愛的人離別之苦，不得不跟討厭的人見面之苦，想要的東西無法得手之苦，以及感受愈來愈敏銳的苦，人生就是在這「四苦八苦」之中。

誠然，人生的確有很多苦，但仔細想想，諸行皆無常，一切事物都會變化，雖說不能盡如人意，卻也會有好事發生。有不少討厭的事情，當然也有樂事，會變成怎麼樣，每個人自己也不知道，能做的只有靠正確的努力希望獲得好結果。遇到討厭的事，就拿出地球儀想著「色即是空」，遇到開心的事，就仔細看看眼前心想「空即是色」，這才是人生的智慧啊。

同時，對現代人來說還是需要禪所追求的自由。禪的自由是絕對的自由，並不是像「由～而生的」這類有限制的自由。例如，「由酷熱而生的自由」是因為酷熱讓人不自由，所以逃離酷熱而產生的自由，這種就是與不自由相反，只是「相對上的」自由。至於禪的自由，是「自由自在」，是「依由自身」、「自身存在」。因此，在酷熱之中直嚷著「好熱、好熱」，同時達到「酷熱三昧」；與酷熱合而為一，超越了熱、冷這種相對的階段，達到絕對的境界，就是在酷熱中回到原本該有的「自由自在」。

這裡介紹兩個「公案」。一個是「千尺井中」。

試著不用繩子，救出一個困在深達千尺的井中之人。

另一個是「香巖上樹」。

例如，爬上樹木之後，手不抓樹枝，腳也不踩樹枝，只用嘴巴銜著樹枝吊掛。這時，一人在樹下問：「何謂禪？」該如何因應？如果不答，便辜負此人；如果回答，可能會墜落摔死。這時該如何呢？試答之。

事實上，我們跟「在井裡的人」以及「銜著樹枝吊掛的人」都差不多。

每個人都受到社會、家庭這些組織的束縛，生活在有限的自由之中。有規則、有義務、有人情義理，有俗世的相處之道，很難依照自己的喜好過生活。能夠「悠閒散步，走到一處泉水喝新鮮的湧泉」的人並不多，諸行無常的人生，就在不自由之中。而在朝向自由社會這個目標努力的同時，想盡量擺脫這樣的不自由，的確需要不被周圍影響的絕對自由。

掛在廊下的風鈴，響，或不響，端視風動。

這其中有禪追求的世界。就是風鈴擁有的「柔軟心」的主體性。性格不知變通，腦袋僵硬的人，等於自己給自己撒下了不自由的種子，不但無法產生新的創意，也不會拓展視野。有一顆柔軟有彈性的心，才是具有價值的創造原動力。能創造愛，進一步栽培，也要靠這顆柔軟心。就連雄偉高聳的建築物，也要靠彈性的構造才能抗地震。

千萬別喪失主體性，千萬別迷失「主人公」。享受自由，連不自由也享受。我在國外的友人之所以熱衷於禪，因為他們都感受到禪中這種「絕對自由」的人生觀所具備的強烈吸引力。

第九章 佛性

「沙漠之所以美麗，」小王子說，
「是因為有隱藏在某處的水井。」

萬物皆有尊嚴，皆有佛性

我們常說人類的尊嚴，那麼，為什麼人類有尊嚴呢？人類之外的動物沒有嗎？植物呢？或者動物有但植物沒有？還是動物跟植物都有呢？尊嚴，聽起來很好聽，卻讓人感覺似懂非懂。

在沙漠中過了八天的第一人稱「我」，終於把最後一滴水喝完了，便跟小王子出發去找水井。在路上小王子說：「那些星星會那麼漂亮，是因為上面有一朵肉眼看不見的花。」

小王子大概在內心深處想到那朵他留在星球上的玫瑰花吧。「房子、星星、沙漠，看起來都很美的原因，就是都藏著肉眼看不見的東西呀。」「我」對小王子說。「沙漠之所以美麗，是因為有隱藏在某處的水井。」

這個世上的一切都具有尊嚴，是因為內在都蘊藏著肉眼看不到的「佛性」。佛教說「一切眾生悉有佛性」，意思是凡有生命的生物都具有佛性，佛性就是身為佛的本性，也就是尊嚴。因此，要用道理來講的話，就是佛教徒認為凡有生命的生物都具備佛性，所以有尊嚴。

白隱禪師在《坐禪和讚》一開頭就這麼說。

眾生本來佛
恰如水與冰
離水則無冰
眾生外無佛

即便稱佛，但要是離開了眾生（萬物），便沒什麼有別於眾生而特別的佛了，這就是「眾生外無佛」。凡是有生命的生物，原本大家都是佛，只在於是否能自覺原本自身具備的「佛性」。也就是有沒有察覺到原本身為佛的自己，如此而已。

當然，人類有「自我」這個難纏的敵人，沒那麼簡單，而且這真的是個頑強的敵人。這個自我有強大的能量，遮蔽了佛性。簡單的事沒辦法三兩下解決，但這正是露一手的好機會，就像柔道中小個子的人拋擲大塊頭一樣，直接利用對方的力氣，借力使力就行了。換句話說，將自我煩惱的能力，化為無我主體的佛性能量即可；把濁流的能量轉變為發電的能源，這就是禪的「智慧」，這麼一來根本的佛性就能發揮。

另一方面，由於「眾生本來佛」，無論人類、貓狗，或是魚、蟲乃至草木，大家都有佛性，都有尊嚴。不，其實不只生物，無生物也蘊藏了身為佛的生命，這種感受是很重要的。因此，想當然耳，一滴水裡也有著佛的生命。

明治時期的名僧滴水和尚，在年輕時有段這樣的小故事。

在一個夏日傍晚，滴水的師父儀山和尚要洗澡時，覺得洗澡水太熱，便叫在身邊服侍他的滴水去取點冷水來。於是滴水拿起旁邊的桶子要去取水，他看看桶子底還有一點積水，便把水倒在地上，往水井走去。

這時，他聽見儀山師父大罵：「笨蛋！任何東西都得珍惜該有的生命，即使只是一點積水，如果用來澆灑植物，雙方不就都能活嗎？對植物好，對水也好，修行之人連這麼重要的事情都不懂？這不就叫陰德嗎？你這個蠢傢伙！」

遭到痛罵的滴水深切反省，發誓從此以後連一滴水都不浪費。而他也是從這件事之後才以「滴水」為法號。

我從小就聽著這個「一滴水」的故事長大，切身體會到惜物的道理，連一滴水也不能浪費。即便是髒水，也不要丟掉，用來澆灑花草植物，就能活用這些水身為佛的生命。

在物資缺乏的年代，每個人都很惜物。小時候練書法會用廢紙的空白處，或是利用舊報紙，只有在練習後到最後要謄寫時，才會用兩、三張純白的日本紙。而那些用過的紙，也會攤平、疊好，等著之後再做其他用途。櫃子裡累積了這類日後還有其他用途的各種物品。吃飯時掉了飯粒，經常會聽到大人說：「老天爺會罰你變成瞎子哦。」每個人都會把掉落的飯粒撿起來吃掉。只要一有浪費的行為，大家就會說：「太糟蹋！太糟蹋！」因為真的沒什麼物資。

然而，經歷了這樣的時代，來到目前物資豐富的年代。打從一出生就在物資洪流中長大的新一代，從來就不知什麼叫做「糟蹋」。每到收垃圾的日子，就會看到大家隨便丟棄各種還很新的物品。的確，如果都不丟，家裡就會沒地方放；學校裡保管了很多大家遺失的文具用品，都還能用，但似乎很少有學生去認領。這些狀況看在經歷過戰時物資缺乏的人眼裡，心中五味雜陳。

曾經因為沒有食物而忍耐飢餓，經歷過物資缺乏之苦的人，很清楚物資的珍貴。這樣的經歷本身雖然很不幸，但想想可以藉此激發惜物的自覺，從結果來看，或許也能說非常幸運。

只不過我想說的是，惜物與否跟物資多少並非相對的，不是物資少就要珍惜；物資多就可以浪費。這無論物資多或少，而是不被物資多少而影響的絕對性的觀點。所以，這跟天性吝嗇的人口中的「糟蹋」不同，跟窮人對物質的執著也是另一個完全不同的領域。

關鍵在於能不能活用萬物的生命。在禪的教育中很嚴格地提到「活用萬物」，不管是生物或無生物，都有所謂的「命」，問題在於讓這個命活或死。仔細想想，光是物體「存在」就已經是「難得」，而我們自然得活用萬物各自「難得」的生命才對。

在禪寺的生活中，每天三餐的禮儀也是很重要的修行之一。一邊誦經，一邊等著其他人幫忙添飯，然後留一點「生飯」。「生飯」，就是從飯碗裡取出大約指頭的鍋粑，放在餐盤旁邊。這代表一份禪心，為了感謝有飯吃的幸福，並且分給無法受惠的眾生。這一小團鍋粑會在用餐完畢放在篩子或板子上，然後拿到小鳥吃得到的地方放著，不會糟蹋糧食隨便丟掉。禪寺裡的生活就像這樣，處處貫徹禪心，活用萬物具有的生命。

這種禪的人生哲學，套用在人的身上也一樣，千萬記得要活用人才。無論在公司或在任何地方，位居高層的人必須常留意這一點，這也是為人上司的一項重要使命。就像下將棋或下圍棋，死掉的子愈多的人就會輸，如何激發出每個人的優點，這就是活用人才時最關鍵的地方。

自古以來針對人的本性分成「性惡說」與「性善說」兩派，實際上看看人類社會後，似乎會覺得性惡說比較正確。人性本惡，以自我為中心，放任之下就會怠惰、做壞事，到最後掀起戰爭自相殘殺。曾經目擊戰爭中殘虐行徑的人，應該無法輕易相信性善說，那真的令人絕望，所以每當有重大案件發生時，就會出現聲浪要求加強刑責、制訂更多規定、必須限制管理人們的自由等。我能了解這樣的感受。

即使如此，我仍然喜歡佛性的想法，就是對凡人來說像「非常易碎的寶物」一般的佛性，輕輕一陣風就會被吹得消失無蹤，宛如微弱的燈火。但我依舊希望這樣的佛性才是人類的本質，因為當佛性是存在的本質，才會產生希望。

好的人就是好的「佛」，但做壞事的人本性應該也還是佛。做了壞事，也就等於是壞的「佛」。每個人都很公平地成佛，我認為學校老師都少不了這樣的信念。話說回來，「教育」這個詞是從拉丁文裡「引導」的意思來的，相信每個孩子都具有佛性，然後努力引導出每個人的佛性，實際上很難做到，但我認為這就是教育的原點。

無分貴賤，所有人都是佛菩薩

另一方面，存在於這個地球上的一切，都平等地具有佛性、尊嚴，既然一切都具有尊嚴，就表示一切的存在都平等。用理論來說第五章提到的「平等」，就是萬物具備共同的佛性。

然而，平等與差別只是一體兩面，從「差別」那一面來看，眼前是個弱肉強食的世界，是個能力強大、懂得方法，加上聰明的話就能獲勝的世界，小的終究會被大的併吞，植物被草食動物吃掉，草食動物被肉食動物吃掉。不過，有趣的是體型大、力氣強的動物，最容易被小病毒打倒。這個弱肉強食的世界形成食物鏈，形成一個循環，支持整體生命。從「平等」的角度來看，無論強者或弱者都各自將生命奉獻給整體，支持著生態系的平衡。但是，碰巧就有個滿腦子特別多壞主意的人類，使用卑劣的武器打亂了生態系的平衡。

我在第五章提過，禪對一九六〇年代盛行的環保活動有很大影響。其中的核心人物就是史耐德，他的著作《地球家庭》（*Earth House Hold*）中將地球視為一個家庭，說明地球上生態系的平衡。一切有生命的生物、眾生都是「地球一家人」，身為一家人，大家只能好好相處。

人類在地球家庭中等於站在「一家之主」的立場，所以人類有義務照料地球家庭中的每一分子，讓其能過著健康、安全的生活，根本不該有諸如為一己私慾沖昏頭而虐待其他動物的行為，如果只是自私自利就沒有擔任領袖的資格。愈是在上位，愈需要去體貼，有責任從考量地球整體的立場來維持平衡。

只為了人類自己的方便，就把清潔劑、有毒廢棄物排放到河川海洋中，影響魚兒的生活；任意砍伐山林，影響了鳥兒。地球的經營管理應該要徵詢過家中所有成員的意見才對，人類只不過是其中的一分子，不能擅自決定。就像一首歌的歌詞裡提到的「蚯蚓也好，螻蛄也好，水蜘蛛也好」，這些都是組成地球家庭時各自具有佛性的成員。「大家，大家活著，都是好朋友」——務必要打造這樣的地球。

若從發揮佛性的角度來看，就是化為慈悲展現。禪修的目的是發現原本的自我，察覺到自我本身的佛性，這就是頓悟。不過，其中也有些人覺得自己已經頓悟，似乎很了不起，變得驕傲目中無人，但這正是禪很危險的地方。

如果發現了真正的佛性，一切都是佛，就得向一切低頭，否則便是虛假。從道理上來說也是這樣，無論狗、魚、石頭都好，本來就該向這股佛性的尊嚴低頭，這就是無差別且絕對的謙虛。

這並不是相對的謙虛，也就是選擇性地向那個低頭卻不向這個低頭，而是絕對的謙虛。面對佛性時，一般世俗的價值觀完全不適用。管你是有錢人、窮人，是有地位的人或是無名小卒，總之所有人都是佛菩薩。如果不能對任何人都平等低頭，根本稱不上是修禪之人。當這種絕對謙虛的人格形成時，自然而然就會變成慈悲心。我對於與人性成長、人格成長毫不相關的禪，深感疑問。

如果要更積極來表現這顆慈悲的心，應該說就是愛吧。為了讓各位讀者了解佛性的作用，這裡就得再提到佛洛姆的《愛的藝術》。與鈴木大拙合著《禪宗與精神分析》的佛洛姆，他對愛的理論很明顯受到禪的影響。

我在這本書想談的是，所謂的愛，並不是與本身人格成熟無關，像那種任何人都能輕易沉溺在其中的多愁善感。

佛洛姆所說的愛並不是輕輕鬆鬆的愛戀或戀愛遊戲，愛的先決條件是人格上的成熟，換句話說，愛是伴隨著「體貼」、「責任」、「尊敬」、「知識」等這些人性價值。他的意思是，體貼所愛的人的健康，主動關心對方在人格上的成長，自然而然會對對方感到有責任，尊重且尊敬對方的個性，然後努力去了解對方的想法、對方的內心。

此外，佛洛姆還說，要成為一個能去愛的人，想當然耳必須經過「練習」。愛是一種能力，是人生活上一種根本的態度。為此，沒有「包容力」的話也無從努力；意志散漫之下什麼也無法產生，所以非得要達到「精神專一」才行。更重要的是，彼此都有一顆生而為人想要讓對方更好的「上進心」。

這每一項都是在禪修上必須有的心態。要培養去愛的能力，不可或缺的是提升自我的努力及其結果，還有人性上的成長。換句話說，佛洛姆所說的愛就跟人格一樣，是靠努力去創造的。

愛最棒的地方，就是一件用語言表達起來這麼麻煩的事情，竟然會讓大家自然而然、主動地想去做。特別是「包容」和「責任」，是小狐狸對小王子說的。

此外，佛洛姆也這樣說。

即便有位女性說她愛花，但如果她連澆水都忘了，應該沒人相信這位女性真的「愛」花吧。

太有道理了。愛花人怎麼可能會忘了澆水呢！說不定佛洛姆讀了《小王子》之後，在歸納愛的理論時就當做參考的資料之一。

在前面第三章已經提過，小王子之前在自己的星球上被一朵花整得很慘。那朵花好勝心強又高傲，從不認錯，遇到麻煩可以說謊不打草稿，然後把責任全推到別人身上。不過，光憑自我中心的態度是無法產生真正的愛。小王子邊想邊說。

「事實上，我不知道該怎麼去理解，我不懂。我應該根據那朵花的行為去判斷，而不是她說的話。……可是我當時太小了，還不知道愛是怎麼一回事。」

若彼此沒有放大身為人類的氣度，沒有培養包容的能力，就無法孕育出愛。先別提接納對方，有的人甚至連自己稍不如意就氣得要命，度量小、心胸狹隘，愛恐怕只會離這種人愈來愈遠。

說到底，愛需要彼此在人性上的成熟。過去的自己是否值得對方努力來愛？現在的自己呢？在人格、人性上是否已經成長，能配得上對方？對於彼此的佛性，是否在人格中養成了虔誠的敬意及氣度？這才是最重要的。

我深信隱藏的佛性在化為愛來呈現，並且成為具有慈悲心的人格時，想必也會產生真正身為人的喜悅。

第十章
一期一會

「最後一個早晨，所有熟悉的工作似乎顯得特別珍貴。」

世上所有相遇，都是一期一會

這一章要談的是「四苦八苦」的其中之一：「愛別離苦」，也就是跟心愛之人分離的痛苦。我小時候常讓大人很苦惱，原因是我對離別特別敏感，只要跟我喜歡的人分開，我一定會嚎啕大哭，弄得一旁的大人很尷尬。

我母親的娘家在神奈川縣小田原市，小時候學校一放假，我就把日常隨身用品收一收，馬上跑到小田原。我的外公外婆、舅舅舅媽都住在那裡，還有同年紀的表兄弟姊妹。康哉舅舅會讓我坐在他的腳踏車後座，載著我在市區到處逛，大家都很疼我，我每天都過得好開心。但問題就在接下來，當回家的日子一天天接近，到了離別的時候，討厭跟大家道別的我就會大哭，弄得大家不知道該如何是好。到現在我還記得舅舅以及其他人尷尬的模樣。

後來我才知道，「愛別離」的痛苦就是「八苦」之一。難過的不只自己，只要是人，任誰都會對離別感到悲傷，這麼一想就真的讓我感覺好多了。此外，很感謝謹慎看待這個人生課題的舅舅，當年並沒有輕率面對離別。

現在每當我看著小朋友輕鬆揮手說著「拜拜」，總有一種又羨慕又懷疑的複雜情緒。愛別離的痛苦與悲傷，應該不只我一人，而是對每一個想活得真誠的人來說，都是人生一大課題吧。

小王子下定決心離開自己的星球，好好整理一切。那天早上，他特別認真打掃，因為他「覺得好像不會再回來了」。於是「平常已經習慣的事情，卻覺得彌足珍貴」。

就在此刻，此處，由我，像這樣，做這件事，而且是最後一次。所以這件事成了僅此一次、絕無僅有。在這個無限流動的時間中，僅有的「此刻」，在這個無限寬廣的宇宙中僅於「此處」，由我，像這樣，做這件事。

這是完完全全的「個體」的世界，這正是所謂的「一期一會」。

即使相同主客聚會多次，但想到今日之會可能不會再有，實為我一生一次之會。

這是千利休的弟子山上宗二寫下的一句話。在茶會中主人與客人面對面時，要當做「是否是一生中僅有一次？」的情況來應對。不過，真正說起來並非「是否僅有一次」，而是「就該當做僅有的一次」來應對。這種狀況下，面對面的是自我與自我以外的人，也可說是無我的我，與無我的你。等於是彼此的「主人公」。

仔細想想，在這個世上所有的相遇，都是「一期一會」，人生也是絕無僅有的一次相遇。一切都是僅有一次的相遇，此時此處的我，到了下一個瞬間就成了另一個在此時此處的我。每一個瞬間，每一個時刻，都在當下完結。當親身了解到每一個瞬間的重要性，懂得每個瞬間都是無可取代時，自然就懂得相遇與離別所代表的深意。

然而，我們一般人都很沒用，非得到最關鍵的時刻才能體會到一期一會真正的意義。在僅有一次的相遇後離別，若感受到離別的沉重與悲傷，才會讓這次的相遇成為真正無可取代。

禪把這類相遇視為非常重要的事。到別人家拜訪時得先在玄關打招呼，「玄關」跟打招呼的日文漢字「挨拶」都是重要的禪語。「玄關」是通往玄妙之道的關卡，也就是通往頓悟之門；至於日文中的「挨拶」，挨是主動靠近，拶則是切入的意思。所以在玄關前說了：「你好！」其實就進入了禪的對答，視如何回答來決定勝負。這陣子我看到一些大人，連別人打招呼也愛理不理，不知道是不是代表投降的意思呢？這年頭無論小孩子或大人，似乎都愈來愈不會打招呼了。

過去對修行僧來說，到各地行腳是一種很重要的修行方式，走遍各地，拜訪重要的人物，在「玄關」先「挨拶」（打招呼），一旦知道對方比自己能力更高，就立刻拜師修行。反觀目前日本的道場，坦白說都已經僵化成固定的形式，但回顧在中國唐代極其自由的氣氛中，不少修行僧來來去去，大家都為了追求相遇，光從這一點就能知道，相遇對修禪之人有多重要。

得遇知悉簞瓢樂之人，願贈良田、土地、金槌及寶袋。

白隱禪師留下一幅畫，還題了這句詞。簞是竹筒，瓢則用來裝水，古代孔子的弟子顏回在求道時甘於過著清貧的生活，只要有裝在竹筒裡的飯，跟裝在水瓢裡的水就可以過日子。白隱禪師的這句詞，便是來自這個典故。如果能遇到這種了解追求真理之樂的人，願意把所有財產都送給他。不管是良田、土地，或是可以敲出黃金的小槌子，還有裝滿寶物的袋子，什麼都行。這就是白隱禪師的想法。

這有一種修禪之人的氣魄，我將這類修禪之人的生存哲學稱為「激進人道主義」（radical humanism）。會為了與真正了不起的人物相遇而賭上一切，這只能說是「徹底激進」，一般來說，不可能為了要遇到某個人願意賭上全部身家吧。

已圓寂多年的朝比奈宗源老師父，他是戰後日本最具代表性的禪宗大師，因為他既是禪僧，同時以學者身分將《碧巖錄》及《臨濟錄》譯成現代的白話文。對我而言，自小獲得朝比奈老師父的關愛，是我個人心中無法取代的珍寶。我出生於承元寺，老師父的家鄉就在這附近的農村，我父親因為在圓覺寺僧堂修行的關係，從小父親就常帶著我到北鎌倉，到位於山內地區的壽德庵叨擾，拜訪老師父。

從小就沒有祖父的我，簡直就把老師父當成自己的爺爺，所以在我即將完成拙著《禪林句集》的英文版（書名為：*A Zen Forest*）時聽到他過世的噩耗，受到很大的打擊。因為我原先打算一完成就要帶著新作品去拜訪他。「老師父，我終於把《禪林句集》翻成英文了！」「哦？是嗎？太好啦。」——很可惜，這樣的對話沒能實現。

老師父寫過幾句話給我，我都當做我的座右銘，隨時惕勵自己。其中有一幅掛在喝茶的房間，日期載明「昭和二十八年」（西元一九五三年），內容是「若專心於一處，不教事做不成」，這是我最珍貴的寶物。不知道是不是多虧老師這句「若專心於一處」之賜，專注是我一個小小的可取之處，因為我在從事翻譯或寫作時，有些小訣竅能在有限的時間中盡量靈活運用。

而更重要的是，我在童年就有機會直接接觸到一位貫徹信念的長者，還有他真誠的人格。無論在哪個領域，想要培養真正的審美觀，能接觸真正了解的人是一大關鍵。從這個角度來看，看著當代無人出其右的禪僧長大，相信對於培養鑑賞美好事物的眼光，一定有很大的幫助。

這幾年來我發現學生們在心目中似乎愈來愈少有尊敬的人了，大學生談到尊敬的人幾乎都舉出父母。尊敬父母固然很好，但我在意的是大家在心目中沒有一個普遍性生而為人的典範。就像前面提到佛洛姆在《愛的藝術》裡說過的，尊敬是愛的一項重要因素。沒有尊敬的人，就跟不懂得愛的喜悅一樣，無法豐富人生。

人生真的會因為跟誰相遇而改變。我小時候在清水市（現在改制為靜岡市）的鄉下地方，遇見幾位好朋友，回顧人生中透過交友所獲得的種種，讓我對於每一次相遇都深深感謝，同時也在心中祈求我的孩子們也能遇見好友。

花發多風雨，人生足別離

史耐德這號人物已經在本書中出現很多次，他在一九六〇年代之後的自然環保運動，以及美國嬉皮文化運動中的地位堪稱教主，至今仍廣受知識分子及年輕族群的喜愛。一九七五年，這位現代美國重量級詩人獲得了普立茲獎[1]。他在日本旅居近十年，期間花了很多時間在修行臨濟禪，是個性情中人。同時，他對於將禪介紹到歐美也有相當大的貢獻，對我而言，跟史耐德的相遇具有關鍵性的意義。

一九七八年八月，我旅居美國，住在史耐德位於加州山裡的家，旅程的最後一個晚上，我提心吊膽地將帶去的《禪林句集》的英譯草稿拿給史耐德，他很用心閱讀，然後每翻一頁就會用英文說「很好，很好！」接著他還對開心得飄飄然的我提供幾家出版社，建議我出版。

對於當時即將邁入三十五歲的年輕人來說，當時史耐德的一番話不知

1. Pulitzer Prize，亦稱普立茲新聞獎，是一九一七年根據美國報業指標性人物約瑟夫．普立茲（Joseph Pulitzer）的遺願設立的獎項。到了七、八〇年代已經發展成為美國新聞界的一項最高榮譽獎，現在，不斷完善的評選制度已使普立茲獎成為全球性的一個獎項。

道帶給我多麼具關鍵性的激勵，接下來我埋頭努力的結果，就是在三年後的一九八一年，出版了由史耐德寫下精采序文的《禪林句集》英文版。

在遇到史耐德那一年，我還遇到了他的師父，也就是前幾年過世的艾肯[2]，而且是睽違三十年的重逢。這位身為美國禪界第一把交椅，表現傑出的人物，其實當初他在鎌倉圓覺寺坐禪時並不適應，而照顧他的竟然就是我的師父，緣分真是不可思議。

此外，我跟艾肯的弟子莫文（W.S. Merwin）也成了朋友。莫文也是現代美國的代表性詩人，同為囊括普立茲獎及美國文學獎的實力派，他同時也是一位優秀的譯者。我們花了十年時間，一起將夢窗疏石[3]的詩翻譯成英文，多虧他的幫忙才能完成這部精采的文學作品並在美國出版。其他還有另一位美國的代表性詩人金斯堡（Allen Ginsberg），以及惠倫（Philip Whalen）也都是我多年來交心的朋友，讓我感到無比榮幸，但他們兩位也已在幾年前過世了。

像我這種極其內向的人，之所以能和這麼多美國優秀的作家相遇、共事，甚至培養出友誼，一切都是從遇見艾肯跟史耐德開始，人生實在是太奇妙，我真是幸運。不用多說也知道，藉由跟傑出的作家來往，接觸到優質的事物，在在增廣了自己的眼界，提升個人的水準。此外，更難能可貴的是這些朋友對我都很真誠，一切都因為我身為一名禪僧，這都要歸功於禪。

在《唐詩選》中，有一首于武陵[4]的作品〈勸酒〉。後半段是這樣的。

花發多風雨
人生足別離

2. Robert Baker Aitken，西元一九一七到二〇一〇年。出生於美國的禪學研究家。
3. 夢窗疏石，西元一二七五到一三五一年。日本鎌倉時代末期至室町時代初期著名臨濟宗僧人。
4. 中國唐朝詩人，其詩題材以寫景送別為主，同時富有濃濃的鄉思與友情緬懷。

「足」，就是多的意思。「花發多風雨」這句話經常用來當作禪語。人生的定律就是「相遇即是別離」。相遇，其實就是別離的開始，有相遇，必定要別離，而人生最大的別離就是死亡。

單純切割出「死」這個概念來看的話，是相當令人不捨的一件事，因為自己將從這個世界上消失！太可怕了！不過，良寬禪師曾說過，「在該死的時候死去，是最好的。」他也留下了這樣一句詞。

問留何物在人間
春花秋葉夏杜鵑

這句詞的意思是：接下來我將要回到「色即是空」的世界，但其實我哪裡也沒去，我依然在這個世界。你們仔細看看，春天的那片花海，是我；夏季高聲鳴叫的杜鵑鳥，是我；秋天鮮豔奪目的紅葉，是我。「色即是空」就等同於「空即是色」。

跟小王子感情變得很好的小狐狸，眼看著就要道別，他說「啊，我要哭了。」小王子見狀對他說：「結果這些對你一點好處都沒有嘛！」小狐狸這樣回答他。

「對我有好處呀。因為有小麥田的顏色。」

就算小狐狸再也看不見小王子，遠處還是有一片金黃色的小麥田呀，那片顏色就跟小王子的金髮一樣。看見小麥田，小狐狸就會想起他跟小王子之間的友誼。因此就算別離令人難過，卻永遠獲得了豐富心靈的寶物，這樣的相遇實在太好了。小狐狸這麼說。其實，這就是「別而不別」、「離而不別」的世界。

真實就是「生死一如」。好好地死去，跟努力活著，本為一體兩面。

我們將賦予的生命努力活下去，盡力做到最好之後一身瀟灑，回想起那股爽快，為人生乾一杯。

莫視塵世為虛幻　己身其中即真實

有些人認為死後的世界才是真實的世界，而現實人生不過是虛幻短暫。這句話就是在鄭重警惕有這種想法的人。然後也告訴大家，只有「此刻」在「此處」活生生的「我」，才是真真切切自我的人生。所以，千萬不能虛擲。

有些人認為，既然這只是一時虛幻的世界，隨隨便便過得開心就好，不是嗎？帶著一種虛無主義的人生觀，這樣的人的確存在，但我相信並沒有那麼多。多數人還是會在臨死前想著能活在這個虛幻的世界真好。

禪，絕對不是只為了亡者而存在，如果不能支持此刻在此處活著的心靈，便毫無意義。禪應該是能在我們有限、短暫的人生中，為我們帶來一個方向，讓我們能大聲說出真正活出自己的人生。

說到這裡，讓我想起先前跟史耐德談到「生死」時，他說「應該在生與死之間加入『愛』，說『生愛死』比較好。」出生，愛，死亡。所謂的「一期」，就是從出生到死亡。那麼，在誕生與死亡之間，究竟該怎麼做才好呢？我相信，沒有除了愛之外更好的人生。

回顧自己的一輩子，能真正覺得「活著真好」的，終究還是因為愛過哪個人，或是哪件事吧？對象無論是家人，是工作，是朋友，還是其他任何人事物，是否擁有一顆充滿愛的心走完一生，這才是追尋瀟灑人生的原點吧。

出生，愛，死亡。這不就是人在短暫的一生中該努力去做的事嗎？

結語

禪的奧義，不分國界

有一天，有個法國人來找我。

他會空手道、柔道，對於禪、俳句等這類日本文化也很有興趣，讓我這個日本人很開心，跟他談了很多與禪有關的話題。

過去也曾多次有這種對日本文化有興趣的外國人來訪，當然每個人關心的程度各有不同，有些人深入到希望我能介紹修禪的道場；另一方面，也有那種心想著「幸福就在山的另一端」的人，誤以為來到日本一切都能解決，純粹接近對異國抱持好玩的心態。

至於這個法國人，已經很熟悉日本文化，但我仍認為要讓他多想想才好，於是我對他說。

「既然你是法國人，我想你一定讀過《小王子》，我覺得認真讀過這本書之後，會發現內容充滿了禪意。如果你想進一步更深入了解禪，我建議你一定要再讀讀這本書。有句話這麼說。

『在自己此刻站的地方往下挖深一點，這麼一來一定會湧出很清澈的泉水。』

那麼，你要不要試著深入挖挖看培養你從小到大的法國傳統文化？」

印象中這是一九七二的事，也就是我二十九歲那一年。

過去我在大學裡任教的科目是美國文學，課程的重點大多放在與日本文學及文化的比較，一部分原因也是為了活用自己身為禪僧的立場，就結果來看算是個聰明的選擇。

然而，這樣的比較研究課程，卻有個入門者容易掉進的陷阱。

例如，看到美國文學跟日本文學作品中類似的表達或用詞時，學生們很容易輕易地視為相同。但身為研究學者，在這時更應該針對表面的現象深入挖掘，探討為什麼會出現這樣類似的狀況，進一步努力釐清。

話雖如此，我並不能對這個入門者容易犯的過錯一笑置之。因為我認為，如果宗教是祈求世界和平、蒼生幸福的話，即使表面上看來類似，著眼點仍然非常重要。

聖修伯里也說過，要了解本質，「必須暫時忘記每一個人的差異」（引自《風沙星辰》）。在風土、氣候、人種、氣質都差距很大的背景之下，為什麼會從美、日兩種不同的文化產生類似的用詞跟表達呢？發現這些共同點時的驚訝與共鳴，對我來說相當珍貴且重要。

在距離這麼遙遠的土地上，一群文化背景完全不同的居民，為什麼會跟我有類似的想法呢？這讓我有一股純粹的感動。我認為，就在我們握手說著「你也這麼想嗎！你也這麼覺得?!」的同時，就是不同文化交流的出發點。與其說「不同的東西就是不同！」然後一把推開，倒不如放眼在人類共同的人性溫馨上，一起讚嘆「人類真好」。先把重點放在共同點，而非彼此的差異。

然而，前提是自己要能坦然說出「你也這麼想嗎？」換句話說，必須主動學習孕育自己成長的傳統與文化。我便是基於這種想法，才建議那個法國人重新閱讀《小王子》這本書。我猜聖修伯里恐怕不具備禪學的知識，這就更符合我的用意了。也就是說，在毫無影響關係、完全不同的環境當中，竟會出現類似到如此驚人的想法。

另一方面，我發現在我說這些話之前，有必要先整理一下自己的想法。結果就是我於一九八八年，先想到法語圈的人而寫了《小王子說禪》，如果這本書要依循聖修伯里的作風，那我應該要寫下「獻給來訪的法國年輕人」。

那麼，寫給德語圈的人該挑什麼作品好呢？總之，先決條件就是家喻戶曉，人人耳熟能詳的作品。對英國人，對美國人，對日本人……在一一思考的過程中，想到了各自符合的作品。

德文作品我毫不猶豫立刻決定，就是麥克・安迪[1]的《默默》（*MOMO*）。這本書跟法國的《小王子》很不一樣，這是一本很有德國人風格的童話，充滿思辨，讓人強烈感受到與禪的思想相通，因此我決定挑這一本。

於是我到慕尼黑拜訪安迪，聊了很多，這個人真是名不虛傳，我也更確定挑選他的作品絕對錯不了。而且，我還從他本人口中得知他受了禪學知識很大的影響，因此安迪的作品跟聖修伯里不同，直接反映出禪學的知

1. Michael Ende，西元一九二九到一九九五年。德國當代極重要的奇幻小說和兒童文學作家。

識。接著，一九九一年《默默也說禪》出版。不過這本書中的「默默」受到禪學影響，以及先有德語版（書名為：*Momo erzählt zen*）的基礎，在這兩點上跟其他著作稍微不同。

接下來是英語圈，但該為英國人選什麼才好呢？我自己專攻英美文學，腦中浮現好幾本作品。最後剩下的就是米爾恩（Alan Alexander Milne）的《小熊維尼》，以及路易士・卡羅（Lewis Carroll）的《艾莉絲夢遊仙境》。一開始我挑了《小熊維尼》做準備，但後來換了《艾莉絲夢遊仙境》，結果就成了一九九五年出版的《艾莉絲說禪》。這兩部英美兒童文學作品在全世界有很多相同想法的讀者，因此我在整理出英文版之前，先出了這本用英文經典說禪的書。

接下來是針對美國人，這又是我的專攻領域，我想了很久。《綠野仙蹤》也很好，但我猶豫到最後，決定挑選蘿拉・英格斯・懷爾德（Laura Ingalls Wilder）的《大草原之家》，寫了一本《大草原的蘿拉說禪》（尚未出版）。我為了取材，到作者誕生的美國威斯康辛州佩平，停留期間得知安迪的死訊，原本想在這本書寫上獻給安迪的我，大受打擊。

這些兒童文學作品，每一本都沿襲當地的文化傳統，發展其特殊性。我要強調的是，藉由反省自己所屬的文化傳統，同時睜大眼睛看看廣大的世界有多重要。

我希望歐美人士也能在自己的傳統文化中找到與禪共通的寶物，於是寫了這些啟蒙書，結果就成了「介紹禪的歐美旅行」。從法國繞到德國、英國、美國，最後終於回到日本。

那麼，在同樣的宗旨下，日本要挑選什麼樣的作品呢？其實這個有趣的迷惘，結論早在我挑選《小王子》之前就做出來了。日本的話，最理想的就是童謠。

我個人主要的工作是研究美國文學的同時，將《禪林句集》等禪語翻譯成英文，一九八一年出版了英文版。《禪林句集》是日本禪宗（臨濟宗）

必讀的書籍，書中禪語豐富的文學性及現代性都讓我沉醉不已，我試著想將這本作品從封閉的社會開放給全世界認識。

然而，《禪林句集》裡全是漢字，就我們這些對漢字已經感到很陌生的現代人而言，日文的禪語，也就是「世語」比較容易親近。「世語」，就是世間社會一般用的語彙，以和歌、俳句、都都逸等日語韻文為主，我把《禪林世語集》翻譯成英文，一九八八年出版了英文版（書名為：*A Zen Harvest*）。

一般人的印象中世語會比《禪林句集》來得輕鬆，我的感想卻不一樣。我認為日本人用日文來表現的世語，跟外文（也就是漢字）的《禪林句集》是對等的，從某個角度來說甚至更高一等，因為對任何人來說，母語才是最能深入理解與溝通的方法。

因為有了這個想法，當我結束了「禪的歐美旅行」回到日本之後，才會做出結論，挑選世語的精華，也就是「童謠」。

就像法國人的《小王子》，德國人的《默默》，英國人的《艾莉絲夢遊仙境》，以及美國人的《大草原之家》一樣，在全民熟悉的日本特有文化中，我選出了「童謠」。

事實上，大家平常輕輕鬆鬆、朗朗上口的童謠裡，充滿了深奧的日本人生活哲學訓示在內。如果以為這只是兒童唱的歌謠而輕視，可就大錯特錯，因為在簡單的日語中含有深奧的真實。

因此，我有一份花了四分之一個世紀的時間寫好的稿子，若要以相同的模式來取書名的話，就成了「童謠也說禪」。

禪，啟發文豪、藝術家、商業巨人

回顧我這一趟嘗試性的「禪的歐美旅行」，出發點就是這本《小王子說禪》。

距離一九八八年出版《小王子說禪》已經二十六年，如果要從構思這本書算起的話，更是過了四十年之久，時間從二十世紀來到二十一世紀，全球情勢跟日本的社會情勢也都變了。

至於聖修伯里，他在一次飛行中下落不明，直到二十世紀末才發現他的飛機殘骸，到了二十一世紀初期才將分散的殘骸集中收回。此外，二〇〇五年《小王子》在日本的版權到期，有各個新的翻譯版本出版。

《小王子》最初在美國出版時是一九四三年，在那一年出生的我，說起來跟《小王子》這部作品「同年」，但在我周遭也出現類似的變化。我離開長年教授英美文學的靜岡大學，到期待已久的關西醫科大學開了將近六年醫學英語及身心內科的課程，說到我在醫大最大的收穫，就是參加了解剖實習。

這對身為宗教人的我來說，是一次無可取代的經驗，能夠再次學到身心一如，以及「空」的意義，實在求之不得。我也想過在這期間，眼界隨著年紀增加而擴展，是否要為過去寫下的內容多補充一些，但為留下當年盡了全力的證明，決定不做非必要的增修。

另一方面，目前全世界的禪進一步滲透到各個領域，被各界加以應用、活用。光是歐美文學方面對禪的關注似乎也愈來愈廣。回溯起來，一九五〇年代，將近十年的時間，鈴木大拙在紐約哥倫比亞大學等地開設講授禪的課程，並吸引來自各界的人士聽講，成為一大契機，之後就掀起了一股「禪熱潮」。

在歐美開始廣泛對禪感到關注的初期，幾位對禪有比較濃厚興趣的作家有：赫胥黎（Aldous Huxley）、沙林傑（J. D. Salinger）、凱魯亞克（Jack Kerouac）、葉慈（W.B.Yeats）等，還有在本書中出現很多次的史耐德、莫文，以及仍在世的彼得．馬修森（Peter Matthiessen），可以列舉出好幾位。還有像是德國的麥克．安迪，我相信一定還有很多其他國家我所不認識的作家。

在音樂方面，約翰．凱吉（John Cage）是以受禪影響出了名；雕刻方面在義大利有一位日本藝術家吾妻謙治郎。此外，本書中提過多次的精神分析家佛洛姆也是，而禪對於精神諮詢、治療的領域也有很廣泛的影響。運動方面也很適合實踐禪的精神，尤其像柔道、劍道、空手道這些跟武道相關的項目。而在科技方面也能看到禪的影響，要說到最有名的一位，就是已故蘋果電腦創辦人賈伯斯（Steve Jobs）。

由此可知，禪之所以能滲透到全世界，我認為是內涵深奧，加上它的多面向，以及能夠落實在生活中。禪中頓悟的世界就是現實生活的場域，在我們日常生活中的種種情境中，稍微出現一下便難能可貴。禪能吸引到世界各地的人，正因為絕非只在道場中才存在，而是在俯首可拾的日常生活中，面對人生各種狀況下，都為我們帶來寶貴的訓示。

做為日本文化其中一項傳統的禪，能這樣成為眾人的心靈支柱，我希望除了能進一步對世界和平有貢獻之外，如果各位讀者能藉由本書找到「照亮一隅」的定位，身為作者的我將感到無比榮幸。

小王子說禪

來自 B-612 號小行星，撫慰無數地球人的禪心絮語

星の王子さま、禅を語る

作　　者　重松宗育
譯　　者　葉韋利
主　　編　郭峰吾

總 編 輯　李映慧
執 行 長　陳旭華（ymal@ms14.hinet.net）

社　　長　郭重興
發 行 人　曾大福
出　　版　大牌出版／遠足文化事業股份有限公司
發　　行　遠足文化事業股份有限公司
地　　址　23141 新北市新店區民權路 108-2 號 9 樓
電　　話　+886- 2- 2218 1417
傳　　真　+886- 2- 8667 1851

印務協理　江域平
封面設計　Bianco Tsai
法律顧問　華洋法律事務所 蘇文生律師
（本書僅代表作者言論，不代表本公司／出版集團之立場與意見）

定　　價　350 元
初　　版　2014 年 7 月
二　　版　2022 年 12 月

電子書 E-ISBN
978-626-7191-40-8（EPUB）
978-626-7191-41-5（PDF）

國家圖書館出版品預行編目（CIP）資料

小王子說禪：來自B-612號小行星，撫慰無數地球人的禪心絮語／重松宗育 著；葉韋利 譯. -- 二版. -- 新北市：大牌出版，遠足文化事業股份有限公司，2022.12 面；公分
譯自：星の王子さま、 を語る
ISBN 978-626-7191-39-2（平裝）
1. 自我實現　2. 生活指導

177.2　　111018606